COLLECTION
ARCADES

CESARE PAVESE

LITTÉRATURE ET SOCIÉTÉ

suivi de

LE MYTHE

Traduit de l'italien et préfacé
par Gilles de Van

nrf

GALLIMARD

Titres originaux :
«LETTERATURA E SOCIETA»
«IL MITO»
extraits de
LA LETTERATURA AMERICANA
E ALTRI SAGGI

Préface

Les essais critiques de Cesare Pavese concernent principalement trois sujets : la littérature américaine (et accessoirement anglaise), les rapports entre la littérature et la société et le rôle de l'écrivain, et enfin le mythe comme expérience fondamentale et comme source de la création littéraire. Aussi, lorsque Italo Calvino et la maison Einaudi ont entrepris de les publier après la mort de l'auteur, ils les ont regroupés en trois parties : *Découverte de l'Amérique* (avec un appendice sur «*Les écrivains anglais*»), *Littérature et société*, et *Le mythe*, donnant à ce recueil un titre général : *La littérature américaine et autres essais* (1951). Le présent ouvrage ne comprend que les articles des deux dernières parties présentés dans le même ordre et accompagnés des indications sur les dates de composition et de publication qui figurent dans l'édition italienne; les notes de l'auteur et de l'éditeur ont été conservées et quelques notes ont été ajoutées par le traducteur à l'intention du lecteur français.

★

Pavese manifeste très tôt un vif intérêt pour la littérature de l'Amérique du Nord qu'avec d'autres, comme Elio Vittorini ou Emilio Cecchi, il a contribué à faire connaître en Italie : en 1930, à l'âge de vingt-deux ans, il présente à l'université de Turin un mémoire de maîtrise sur Walt Whitman; en 1931 paraît sa première traduction de S. Lewis et beaucoup d'autres suivront, d'écrivains américains ou anglais, essentiellement entre 1931 et 1942. Parallèlement il développe une activité critique (dans des articles publiés pour la plupart entre 1930 et 1934) qui concerne la littérature des États-Unis (S. Lewis, S. Anderson, E. Lee Masters, H. Melville, O. Henry, J. Dos Passos, T. Dreiser, W. Whitman, W. Faulkner, G. Stein, F. O. Matthiessen, R. Wright) et dans une moindre mesure des auteurs anglais (D. Defoe, C. Dickens, J. Conrad, R. L. Stevenson).

Lorsqu'en 1947, Pavese essaye d'expliquer ce qu'a représenté pour lui et pour sa génération cette expérience américaine (dont il précise par ailleurs qu'elle est tout à fait terminée), voici ce qu'il écrit : « Vers 1930, quand le fascisme commençait à être "l'espérance du monde", quelques jeunes Italiens découvrirent l'Amérique à travers ses livres, une Amérique barbare et réfléchie, allègre et querelleuse, dissolue, féconde, lourde de tout le passé du monde, et en même temps jeune, innocente. Pendant quelques années ces jeunes lurent, traduisirent et écrivirent avec le sens joyeux d'une découverte et d'une révolte qui indigna la culture officielle, mais le succès fut tel qu'il contraignit le régime à tolérer, pour sauver la face. Vous vous rendez compte ? Nous étions le pays d'une nouvelle romanité où même les géomètres étudiaient le latin, le pays des guerriers et des saints, le pays du Génie par la grâce de Dieu, et ces parvenus va-nu-pieds, ces marchands coloniaux, ces rustres milliardaires se permettaient de nous donner une leçon de goût en se laissant lire, discuter et admirer ? » (édition italienne, p. 193). Découverte et révolte, ces deux mots définissent fort bien ce que signifia cette période d'une dizaine d'années que l'écrivain appelle la décennie des traductions : découverte d'une « nouvelle légende de l'homme » (*Retour à l'homme*), d'une façon à la fois libre, inventive et réfléchie d'aborder les problèmes de la société moderne ; révolte contre la culture officielle car l'américanisme de Pavese doit constamment se lire comme une sourde polémique contre le régime ou du moins contre sa politique culturelle : « L'Italie était devenue étrangère à elle-même, barbare, sclérosée, il fallait la secouer, la décongestionner, l'exposer à nouveau à tous les vents printaniers de l'Europe et du monde » (*L'influence des événements*).

Pavese rappelle à l'occasion que les frontières des cultures nationales n'ont pas de sens, car l'écrivain parle pour tous les hommes quels qu'ils soient et où qu'ils soient, mais c'est particulièrement vrai aujourd'hui, parce que notre époque est celle de la multiplicité des cultures, de sorte qu'un homme peut dissocier sa vie spirituelle de la culture à laquelle il appartient et chercher partout où il le veut — hier en

France ou en Russie, aujourd'hui aux États-Unis — la réponse à ses questions. On peut donc se demander ce qu'un écrivain piémontais, solidement enraciné dans sa campagne des Langhe, étranger au sens du voyage et de l'aventure, cosmopolite par sa culture mais profondément provincial, pouvait trouver dans ces vastes sagas romanesques qui lui parvenaient de l'Amérique du Nord.

Il y trouvait d'abord justement un sens de la province, de l'ancrage dans une terre déterminée, qui lui paraissait un désaveu de l'humanisme abstrait prôné par la culture italienne officielle et dépourvu de toute attache à une terre particulière. L'adhésion à une identité nationale (l'Italie) ne peut faire abstraction de la réalité régionale (le Piémont) dont on est issu, et paradoxalement l'écrivain va chercher la confirmation de cet enracinement provincial dans les prairies du Middle West de Sherwood Anderson : « Ainsi, quand il entend parler de Ohio, Illinois, Michigan, Minnesota, Iowa, Indiana, Dakota, Nebraska, le lecteur intelligent doit laisser tomber l'exotisme — non sans avoir savouré les riches sonorités des noms indiens — et il doit plutôt imaginer avec les couleurs de chez nous ces lieux qui, il y a environ quatre-vingts ans, étaient des prairies et des maquis qu'une première génération anglo-saxonne défrichait péniblement, dans l'austérité et la sueur presque biblique, et que la deuxième et troisième génération cultivaient non moins péniblement mais avec quelques jurons en plus… » (édit. ital., p. 34). Si ces Américains, Anderson, Lewis ou Dreiser, arrivent à l'universel en scrutant les petites villes de leur province, ils encouragent un Piémontais à ne pas tourner le dos à sa tradition régionale et à explorer inlassablement ses collines ou les rues taillées au cordeau de sa ville. Tel est le sens curieux mais fort clair du parallèle que Pavese établit entre le Piémont et le Middle West : une compréhension en profondeur de l'importance du terroir dont on est originaire, qui va bien au-delà de l'exaltation idyllique et folklorique de la vie à la campagne proposée par *Strapaese*, un courant italien contemporain hostile à tout excès de modernisme.

Un autre sujet d'admiration de l'écrivain est le rapport vivant, actif que les auteurs américains ont à la culture : ils peuvent passer bon nombre d'années à bourlinguer aux quatre coins de la planète, à ne fréquenter que les déclassés, les ivrognes, les vagabonds dans une totale indifférence à la culture, mais ils savent, le moment venu, affronter le monde des livres, le passé, la tradition, avec une extraordinaire indépendance d'esprit, devenant non moins lettrés et même érudits que l'homme de lettres européen : c'est un contraste qui le frappe particulièrement chez Melville, le « baleinier lettré » et il évoque à ce propos « ces individus puissants qui passent un bon nombre d'années comme des barbares, vivant et absorbant, puis s'adonnent à la culture, réélaborant la réalité dont ils ont fait l'expérience dans des pensées et des images qui par leur dignité et leur sereine et virile authenticité ont quelque chose de l'équilibre que nous avons coutume d'appeler grec » (édit. ital., p. 78). Il condensera cette attitude dans une formule : « avoir une tradition, ce n'est rien du tout, c'est seulement en la cherchant qu'on peut la vivre » (édit. ital., p. 90) ; ce rapport libre et inventif à la culture est implicitement ou explicitement opposé à la chape de plomb que peut constituer une tradition, « notre tradition bimillénaire » (édit. ital., page 51), quand on est invité ou même sommé de s'y référer constamment.

Une troisième qualité de cette littérature est l'ampleur du spectre social qu'elle propose au lecteur : citadins ou campagnards, petites gens ou grandes familles, ouvriers, journalistes, employés, escrocs, ivrognes, vagabonds, toute l'Amérique défile sous nos yeux dans les romans de Dreiser ou Lewis, et cette volonté qu'aucun secteur de la société n'échappe au regard contraste avec l'étroite base, strictement individuelle ou tout au plus élargie à une mince couche sociale, sur laquelle se fonde la production italienne contemporaine. C'est que, comme le rappelle l'écrivain à propos d'un essai de Matthiessen, les fondateurs de cette culture américaine, Emerson, Thoreau, Melville, Hawthorne ou Whitman, se sont sentis investis d'une tâche historique : dire l'histoire du peuple américain, élaborer un langage nouveau qui n'exclue aucun des aspects les plus quotidiens ou même les plus sordides de la vie et qui soit accessible au lecteur moyen (édit. ital., p. 179).

Un autre point de fort de cette littérature est le sérieux, la curiosité, l'inquiétude de fond avec laquelle elle aborde la création littéraire : il s'agit moins de créer des mondes imaginaires, de contempler la beauté éternelle ou de partir à la recherche de l'essence, que de comprendre, de saisir une réalité multiforme jusque dans ses aspects les plus troubles : « ... alors qu'un artiste européen, un ancien, soutiendra que le secret de l'art est de construire un monde plus ou moins imaginaire, de nier la réalité pour la remplacer par une autre peut-être plus significative, un Américain des générations récentes vous dira que son aspiration est uniquement d'arriver à la vraie nature des choses, de voir les choses avec un regard vierge, d'arriver à cet « ultimate grip of reality » qui est seul digne d'être connu » (édit. ital., p. 148). Autrement dit, le roman américain plaide pour la dignité et l'utilité de la littérature dès lors qu'elle se fonde sur une recherche exigeante et sincère.

Si l'on ajoute enfin l'émerveillement que Pavese manifeste souvent pour la vitalité de cette culture, de ces écrivains qui souvent ne prennent la plume qu'après une vie mouvementée (S. Anderson tour à tour garçon d'écurie, ouvrier, soldat, journaliste et industriel, Melville baleinier puis vagabond), qui sont mangeurs, buveurs, querelleurs, violents mais tout autant lettrés et raffinés, on aura énuméré les principales raisons de l'attachement de l'auteur pour cette littérature des États-Unis. Autant de raisons qui impliquent aussi clairement le rejet polémique d'une autre littérature et d'une autre culture, celle de l'époque fasciste. Il n'en résulte pas pour autant que ces écrivains aient eu ce qu'on appelle une influence sur son œuvre et qu'ils aient constitué des modèles. Les paysans, les ouvriers ou les prostituées de *Travailler fatigue* n'ont pas grand-chose à voir avec les personnages des romans américains. Ces écrivains ont plutôt confirmé l'écrivain dans ses choix, renforcé ses convictions, puisque nombre des qualités qu'il reconnaît aux auteurs américains — l'ancrage dans une réalité concrète et déterminée, l'exploration de tous les milieux de la société, la dignité du métier d'écrivain et le sérieux avec lequel il doit être abordé — sont de celles qu'il a recherchées avec le plus de ténacité. Quant à son activité de traducteur, il a précisé qu'elle lui avait plutôt appris comment il ne devait pas écrire, en lui montrant les styles, les attitudes, les thèmes étrangers à son inspiration (*Interview à la radio*).

★

Ce sont à peu près les mêmes convictions qu'il défendra dans une série d'articles écrits entre 1945 et juin 1950 (deux mois avant son suicide) qui tentent de définir le rôle de la littérature et la place de l'écrivain dans la société. Pavese adhère au Parti communiste italien en 1945, il ne le quittera jamais pas plus qu'il n'en sera expulsé, mais sa carte ne lui sera pas envoyée en 1950 et il ne la réclamera pas. Presque aussitôt, en mai 1945, commence sa collaboration avec *L'Unità*, le quotidien du Parti pour lequel nombre d'articles furent écrits, mais très vite son œuvre suscite de fortes réserves dans les milieux communistes et peu de temps avant sa mort, un des responsables du parti, Alicata, juge sévèrement l'auteur de *La lune et les feux* lui reprochant « de ne pas affronter directement les hommes, leurs sentiments, leurs passions » et de les filtrer à travers la mémoire d'un personnage ambigu qui est et n'est pas l'auteur. En février 1948, à l'époque où la création du Cominform quelques mois auparavant et les ravages du jdanovisme avaient provoqué un durcissement de la politique culturelle du parti, un haut responsable du P.C.I., P. Secchia, avait publié dans *L'Unità* une mise en garde que Pavese ne pouvait que ressentir comme une condamnation même si elle ne lui était pas particulièrement destinée : « la tendance de l'intellectuel à s'isoler, à s'enfermer en lui-même, à s'imaginer que l'expérience ou la recherche individualiste de la "vérité" soit la bonne voie, devient une désertion. » Il serait malhonnête de mettre en doute la sincérité de l'adhésion de l'écrivain au Parti et de la croire le fruit de l'opportunisme ou du désir d'expier par son engagement une vie excessivement introvertie et solitaire, mais Nello Ajello, l'historien des rapports du Parti et des intellectuels, remarque justement que la politique et le Parti ne tiennent pratiquement aucune place dans le journal de Pavese ou dans sa correspondance.

En fait, si l'exigence morale, qui peut justifier l'adhésion à un parti révolutionnaire, n'était nullement étrangère à Pavese et n'avait pas forcément ce caractère d'autopunition qu'on lui a parfois prêtée, la politique lui était, elle, étrangère et plus encore le discours politique. Aussi ne faut-il pas lire ces articles comme une réflexion sur les rapports de la politique et de la culture, car il n'est question tout au long de ces pages que d'un seul et unique sujet : la culture ; si Pavese condamne *Sélection*, ce n'est pas en tant que machine de guerre du capitalisme américain mais parce que cette revue offre une image dégradée de la culture ; de même s'abstient-il de tout jugement sur le réalisme socialiste moins par solidarité avec un pays frère que parce qu'il attend de le juger sur les textes (or c'était une pomme de discorde qui a coûté cher à certains intellectuels). Paradoxalement, c'est cette faible réceptivité au discours politique qui fait que ces pages gardent encore leur actualité ; plus généralement, on perçoit chez Pavese une sourde résistance à l'idéologie conçue comme un discours global intégrant la politique, la morale et la culture, et les soumettant à un dynamisme historique donné.

Une fois ramené ces pages au discours d'un homme de culture sur le sens de son travail, on constate qu'elles s'articulent autour de deux ou trois idées simples obstinément répétées : il y a une responsabilité morale de l'écrivain qui écrit pour tout homme, sans distinction de classe ou de nationalité, même si cet homme a toujours un visage concret, propre à une époque et un milieu historiquement déterminés ; l'écriture repose sur la parole qui requiert un apprentissage difficile même pour le lecteur ; elle suppose aussi une «inspiration» qui ne se commande pas, qu'aucune bonne volonté ne peut susciter et qu'aucune idéologie ne peut orienter. À la première idée se rattache le rejet d'une littérature limitant volontairement son public, refusant de «se frotter aux couches sociales qui vivent le plus immédiatement l'inconscient labeur du présent» et de «se nourrir des sucs de tout ce qui est humain et vital» (*Le communisme et les intellectuels*) ; mais «aller vers l'homme» ne veut pas dire «aller vers le peuple» et Pavese ne cesse de répéter que ce slogan est réactionnaire car l'écrivain est lui-même peuple. De même en vertu d'une morale du travail humain accompli humblement là où le sort nous a placés, Pavese ironise sur l'esthétisme de ceux qui veulent aller là où souffle l'histoire (*La marche de l'his-*

toire). Poussé par une conception artisanale du créateur, « ouvrier de l'imagination intelligente », il refuse que l'écrivain renonce à son travail sur le style et parle la langue de tous les jours pour se « rapprocher des masses » ; à l'égal de tout autre métier, l'écriture s'appuie sur des codes, des techniques qu'il faut apprendre (*Lire*). C'est sur le troisième argument, la liberté de l'inspiration, étrangère à tout volontarisme et à toute contrainte de quelque ordre que ce soit, que Pavese se montre le plus intransigeant et il rappelle quelques idées qu'un certain climat historique tendait à oublier : le travail du journaliste et celui de l'écrivain sont fondamentalement différents, l'importance d'une œuvre ne se mesure pas à l'importance des événements qui y sont relatés, une théorie si louable soit-elle n'a jamais produit un bon livre, une littérature « progressiste » par principe et par doctrine risque de valoir aussi peu qu'une littérature « réactionnaire » conçue dans le même esprit : « Arriver au cœur des choses par théorie ou par devoir, ce n'est pas possible » (*À propos d'une nouvelle littérature*).

Beaucoup de ces idées nous paraissent aujourd'hui des évidences et ce n'est pas leur originalité qui peut encore nous séduire ; ni même leur seul intérêt historique (témoigner de l'inconfortable situation d'un intellectuel qui défend un engagement politique sans renoncer à aucune des exigences de son travail). C'est plutôt la coexistence chez Pavese d'une réelle volonté d'aller vers l'autre, le différent, le sans-culture, pour lui faire partager l'amour de l'art, et d'un refus de renoncer à l'idée très haute qu'il a de son métier, comme si toute concession était aussi humiliante pour celui qui la fait que pour celui qui la reçoit. C'est de cette double tension que naît le ton pédagogique de ces pages, l'effort pour faire comprendre avec des mots simples la nature de l'art, le travail sur les mots, le rapport du manque et du désir dans l'écriture, la beauté d'un vrai livre qui est la rencontre avec un homme et qui, comme telle, demande de l'humilité et de la modestie, et beaucoup d'efforts. C'est elle aussi qui donne sa vérité à une adhésion politique qui cherche sa source moins dans une vision historique que dans la certitude que le communisme donne corps à ce désir d'aller vers l'autre et que son action doit permettre une plus grande liberté propice à l'échange et à la vie spirituelle.

⋆

Avec la deuxième partie de cet ouvrage, nous arrivons au cœur de la pensée esthétique de Pavese dont le concept central est celui de mythe, une notion qui occupe l'écrivain pendant les dernières années de sa vie. Il en tente une formulation théorique dans ces articles dont les quatre premiers furent publiés dans *Feria d'agosto* en 1946, il y revient fréquemment dans nombre de réflexions de son journal, *Le métier de vivre,* et il en propose une illustration littéraire avec les *Dialogues avec Leucò* publié en 1947, une série de dialogues mettant en scène des personnages de la mythologie grecque (Ixion, Œdipe, Hermès, Éros et Thanatos, Endymion, etc.). La conception pavésienne du mythe se révèle extrêmement ambitieuse et non moins ambiguë, soit en raison des multiples influences qui concourent à l'élaboration de cette théorie, soit à cause de ses liens très forts avec les préoccupations tant littéraires qu'humaines du narrateur. Dans le creuset du mythe viennent en effet se déposer les nombreuses lectures de Pavese : littéraires (Baudelaire, Proust, le romantisme allemand filtré par *L'âme romantique et le rêve* d'A. Béguin), philosophiques (Bergson, Blondel, Lavelle, Chestov, Cassirer), psychanalytiques (Jung et surtout Freud), ethnologiques (Frazer, Lévy-Bruhl, Eliade, Kérényi). Mais la tension vers le mythe témoigne aussi des inquiétudes de l'écrivain, de ses nostalgies, de ses aspirations plus ou moins frustrées, de ses impuissances et de ses convictions sur le métier de créateur. Pour simplifier, on peut dire que Pavese oscille entre une compréhension du mythe comme transcription poétique d'une expérience unique et inaccessible par tout autre moyen et une conception qui l'assimile à un système de pensée, à un ensemble d'idées-force, bref à une sorte de cosmogonie.

Pavese pose au départ que l'expérience la plus directe, la plus complète que nous ayons de la réalité, comme contact intense et immédiat, remonte à notre enfance car à cette époque nous sommes pour ainsi dire plongés dans les choses. Cette expérience est unique parce qu'elle est propre à chaque individu, créateur ou non, et parce qu'elle est en quelque sorte donnée une fois pour toutes et ne se renouvelle jamais par la suite avec autant d'intensité. Cette expérience ne devient la source de la vie spirituelle que par la rencontre avec le langage, poésie, fable, parole, image, qui scinde ce lien originel avec les choses et les transfère dans notre esprit. Cette découverte intérieure d'une réalité qu'en fait nous avons déjà connue — d'où l'idée que nous ne voyons jamais les choses pour la première fois mais toujours pour la seconde — déclenche ce que l'écrivain appelle la stupeur : « Si l'on cherche la source d'un moment d'émotion extatique devant quelque chose dans le monde, on constatera que nous sommes émus parce que nous avons déjà été émus ; et nous avons déjà été émus parce qu'un jour ce quelque chose nous est apparu comme transfiguré, détaché du reste, à cause d'un mot, d'une fable, d'une rêverie qui s'y rapportait et le contenait » (*Mythe, symbole et autres sujets*).

Le mythe, c'est la coagulation soudaine de cette expérience première des choses et d'une parole ; la vie spirituelle de l'adulte naît quand à la faveur d'une rencontre fortuite — un mot, un souvenir, une image — resurgit cette stupeur qui nous ramène au fond obscur de nos années d'enfance ; la dynamique de cette vie, c'est de retrouver cette mythologie enfantine qui marque notre être et modèle notre imagination, c'est de remonter vers ces premières stupeurs liées à notre accession au langage et à la culture, c'est même, dans une quête inlassable et impossible car jamais nous ne retrouverons cette plénitude de contact avec le monde, tenter d'aller au-delà pour rencontrer « notre réalité, la moins sujette aux influences et aux séductions de la culture, celle qui conservera sous toutes les révélations à venir l'empreinte spécifique de l'instinct » (*L'adolescence*). Là nous trouvons non seulement ce que nous avons été mais ce que nous sommes de tout temps et qui marque à jamais notre pensée et notre imagination.

La création littéraire est l'effort pour traduire en mots cette stupeur, cette mythologie personnelle qui en fait se ramène à un ou deux mythes. Comme image, représentation, seul le mythe permet d'approcher cette source mystérieuse, de la traduire en une parole qui garde quelque chose de la réalité et de la vie qu'elle enferme ; mais cette expérience est suffisamment fuyante, insaisissable, irrationnelle pour que le vrai créateur ne puisse l'amener à la lumière que s'il possède à fond tous les outils culturels que lui offre son époque, seuls en mesure de lui permettre de traduire son mythe en un langage accessible à tous les hommes. De cette démarche, Pavese déduit un certain nombre de conséquences : toute grande œuvre est monotone car elle est tendue vers l'élucidation d'une mythologie unique et forcément limitée dont elle s'efforce de traduire et la nature et le rythme ; c'est cette même vision mythique qui assure la cohérence et l'unité organique de l'œuvre puisque tous ses éléments, personnages, situations, objets, syntaxe et même ponctuation, doivent servir à l'exprimer ; l'inspiration n'est rien si elle ne s'appuie sur un solide métier et si le créateur n'est pas le premier des lettrés de son époque ; les écoles, les conseils, les poétiques ne servent à rien car seul l'individu est en mesure de retrouver le chemin de sa mythologie enfantine ; les grandes œuvres sont inépuisables parce qu'elles gardent avec assez de force l'empreinte de ces instants de rencontre absolue avec la réalité pour qu'on en retrouve la fraîcheur à chaque lecture ; les créateurs explorent des terres inconnues et sauvages et les « hommes de lettres » les défrichent, les domestiquent et les rendent viables pour que chacun puisse s'y promener à son aise, etc.

Dans ses grandes lignes cette conception est fort claire mais elle recèle de nombreuses ambiguïtés qui apparaissent au fur et à mesure de son développement, de ce que l'on pourrait appeler sa dynamique : on notera tout d'abord comment l'expérience mythique qui naît au départ d'une expérience intense et affective de la réalité dilue peu à peu ce réel dans le souvenir. Il semble qu'après l'enfance, le réel devienne inaccessible ou insupportable. *Mal de métier* nous montre comment pour l'adulte l'abandon aux choses, à la nature, devient un péché : il succombe au choc, il est englouti, il se perd comme dans un obscène libertinage ; en fait nous ne pouvons plus plonger dans le gouffre des choses que nous avons connu enfant et le réel n'est accessible que par le filtre du souvenir où il se dématérialise et acquiert la transparence de l'esprit, même si Pavese est parfaitement conscient qu'en « devenant souvenirs, [l'inhumain et le bestial] perdent la prégnance du sens ». Quant à l'« autre » réalité, celle qui ne réveille pas des expériences antérieures, elle n'existe tout simplement pas ; dans une curieuse lettre du 30 août 1942 écrite de Gressoney, le romancier note à propos d'un paysage de haute montagne : « je n'ai pas de souvenirs de ces lieux, de cette nature, de cette réalité : pour moi c'est un monde gratuit, vide, objectif, comme une personne que l'on voit pour la première fois. Il est évident que je n'ai rien à en dire. » Plus frappant encore *État sauvage*, où le contact avec une réalité insaisissable qui ne soit pas la campagne des premières années apparaît comme un intolérable choc, une souffrance à exorciser au plus vite dans l'éternelle sérénité des mythes. Mais cette réduction progressive du mythe au filigrane du souvenir le dévitalise peu à peu, en fait une réalité désincarnée, presque abstraite.

Pavese ne cesse d'insister sur le caractère intemporel, pré-historique de l'expérience dont naît le mythe, mais il s'empresse d'ajouter qu'en devenant discours, représentation, le mythe entre dans l'histoire, dans le domaine des causes et des effets, du tangible et du vérifiable, cessant par là même d'être mythe. Toutefois en retrouvant notre mythologie, nous ne découvrons pas seulement ce que nous avons été, mais ce que nous sommes depuis toujours, notre être immuable, en quelque sorte notre essence ; et voilà que le mythe qui aspirait à devenir histoire en devient la négation même, car au regard de cette intangible réalité de notre être l'histoire n'est plus que l'insignifiante écume des jours.

Le mythe est initialement une parole individuelle qui conserve la violence affective, le poids de chair qu'avaient nos premiers contacts avec les choses ; c'est pourquoi la parole mythique est inassimilable au discours purement rationnel qui est distance avec les choses ; mais peu à peu le mythe glisse chez Pavese de la transcription d'une expérience directe vers une sorte de représentation collective à caractère essentiellement intellectuel, propre à une époque : il parle, et ce indépendamment de ses références à la mentalité primitive, du mythe du vérisme (l'équivalent italien du naturalisme français) ou des mythes de la culture italienne entre les deux guerres ; on en arrive alors à une sorte de théorie littéraire qu'élaborent les recherches individuelles. Avec la jonction, opérée dans les *Dialogues*, avec la mythologie grecque, le mythe devient un savoir éternel sur lequel les événements n'ont aucune prise.

Ces contradictions, ces failles finissent par gauchir la dynamique du mythe que propose Pavese et à laquelle il aimerait croire parce qu'elle réconcilie sa foi en une expérience individuelle ineffable et son attachement à une tradition occidentale d'élucidation rationnelle du mystère, de l'irrationnel, de l'inconnaissable : en fondant son œuvre sur la clarification de ses mythes personnels, le créateur tente d'amener à la lumière une expérience riche et trouble qu'il convertit en un langage accessible à chacun ; l'irrationnel-indistinct du mythe devient claire raison, l'intemporel de l'éblouissement initial s'insère dans le cours de l'histoire, ce qui est absolument individuel se transforme en bien commun, l'extase devient connaissance. La démarche créatrice individuelle reproduit la marche de l'humanité qui connaît la réalité à travers le mythe avant de la maîtriser par la rationalité, et Pavese ne cesse d'insister sur l'imposture qu'il y a à perpétuer des mythes déjà clarifiés : lorsque le mythe devient discours, il perd son mystère et il faut chercher d'autres mythes à élucider ou se taire. Dieu merci, ce radotage sur les mythes que l'écrivain dénonce ne tire pas à conséquence car il y a toujours des esprits hardis et novateurs qui découvrent de nouveaux mythes réellement mystérieux dont ils entreprennent l'élucidation. Pourtant, à la faveur des nombreuses ambiguïtés que nous avons signalées, l'évolution de Pavese semble aller en sens inverse, vers une sclérose de ses mythes sous forme de grandes idées éternelles et immuables, vers une perte de contact avec la réalité en ce qu'elle a de vivant et de complexe, vers l'édification d'une cosmogonie qui évacue l'histoire, la liberté et la diversité du réel. Le mythe qui est au départ « derrière » l'écrivain, comme une source de lumière et de vie éclairant son chemin, se retrouve ensuite « devant » lui, bloc granitique de réalités indestructibles — le sang, le sexe, la mort —, loi d'airain qui rend vain tout effort, toute recherche.

Il est difficile de parler d'une véritable évolution dans la pensée de l'écrivain car tous les éléments sont déjà présents dans les articles de *Feria d'agosto* (écrits en 1943-1944) ou même dans des observations antérieures du journal ; mais par un jeu de glissements et de déplacements, ce qui est au départ une méditation stimulante sur la création artistique devient une prison sans issue possible dans laquelle il s'enferme. Le point de départ de Pavese est très vraisemblablement une réflexion sur son travail poétique dans *Travailler fatigue* (1936), sur les liens qui peuvent relier entre elles les pièces d'un recueil, sur les éléments, image ou concept, qui assurent l'unité d'une poésie, etc. Le mythe répond à ces questions et Pavese tourne autour de ce concept avant d'en proposer une formulation cohérente en 1943-1944. À ce stade la référence à la mentalité primitive — Pavese a lu Frazer en 1933 et Lévy-Bruhl en 1936 — a surtout la valeur d'une métaphore : l'artiste transcrit une expérience unique dans un mythe *comme* le primitif expose par des mythes sa connaissance du réel ; le lieu mythique est unique, absolu, intemporel pour le créateur *comme* un sanctuaire pour le croyant.

Les années de l'immédiat après-guerre vont donner une soudaine consistance à l'intérêt que l'écrivain manifeste pour l'anthropologie : en 1946 il lance pour la maison Einaudi, avec laquelle il travaille depuis 1933, et en s'aidant du concours de l'ethnologue Ernesto De Martino, la collection «violette» d'études religieuses, ethniques et psychologiques (elle publiera Lévy-Bruhl, Jung et Kérényi, Propp, Reik, Malinowsky, Frobenius et d'autres). Cette intense activité éditoriale ne peut que renforcer le pont que l'écrivain s'efforce de jeter entre la démarche du créateur et la mythologie des primitifs. C'est au cours des mêmes années (45-46) qu'il écrit les *Dialogues*. En 1945, *État sauvage* pose le problème de l'extension de la pensée mythique, qui au départ prend appui essentiellement sur des réalités de la nature, à d'autres réalités comme la ville et d'autres êtres comme la femme. Mais c'est de janvier 1950 que date un texte — *La poétique du destin* — profondément noir, funèbre, pour ne pas dire tragique. Pavese y reconnaît avoir achevé l'édification de son système : au départ, le schéma mythique ne concernait que l'enfance et la nature; maintenant il englobe tout, la ville, les hommes, les passions, la femme. Mais surtout le mythe révèle enfin son vrai nom qui est destin, ce destin qui encombre déjà de sa présence oppressante les *Dialogues* : il s'agit de «réduire le monde humain rationnel à ce schéma démonique que l'on appelle destin». Et Pavese reconnaît non sans une certaine naïveté que ce n'est pas facile : bien qu'il ait essayé de les «pétrifier», les hommes résistent, ils s'agitent, ils parlent, et puis il y a cette fameuse liberté qui rend leurs actes imprévisibles et les arrache à la nature pour les plonger dans l'histoire... Aussi quand dans le même texte Pavese considère que tout son effort créateur se réduit « à la lutte entre la liberté humaine et la fixité mythique de la nature », on n'a aucun doute sur le principe qui sort victorieux de ce combat.

Or qu'est-ce que cette fixité naturelle sinon un autre nom de la mort ? Figer la vie dans un destin, c'est la voir comme déjà révolue, achevée, « pétrifiée » justement. Toujours dans *La Poétique du destin*, Pavese écrit : « Il est juste que le poète aspire à l'immobilité naturelle et sacrale, au silence, à la mort ; à faire des passions humaines des mythes polyvalents, éternels, intangibles. » Le 9 janvier 1950, il écrit dans son journal à peu près la même chose mais sur un ton beaucoup plus directement autobiographique : « Tu aspires à l'immobilité naturelle, au silence, à la mort. » On arrive alors à la dernière contradiction de cette notion de mythe : impulsion de vie au départ, il se transforme en pulsion de mort ; connaissance « aurorale » — un adjectif qui revient souvent sous la plume de l'écrivain — qui à l'échelle de toute une culture permet son renouvellement en amenant à la lumière des pans entiers d'une réalité insoupçonnée, il devient un savoir crépusculaire, inutile devant la toute-puissance du destin.

On ajoutera qu'avec cette notion de mythe, Pavese plaçait très haut, peut-être trop haut, la barre de la création littéraire : on le sent hanté par les modèles classiques, comme s'il devait réécrire les *Géorgiques* —

il qualifie d'ailleurs son œuvre de « classicisme rustique » —, hanté par le besoin de redécouvrir un savoir fixé de toute éternité dans la forte charpente des œuvres des Anciens, soucieux de remonter du contemporain, du « réaliste » et du documentaire vers la pureté classique capable d'enfermer une réalité complexe dans une parole limpide et rigoureuse. Mais cette aptitude à regarder les monstres, l'indistinct-irrationnel, et à les exorciser, à les maîtriser par la parole, suppose une formidable vitalité intérieure qui soit en mesure d'adhérer aux choses et d'en restituer le poids, la sève dans un langage puissant et charnel. Quand il revient aux Américains en 1946, fort de sa réflexion sur les mythes, c'est cette richesse vitale qu'il admire : « Si l'on conçoit l'univers à la manière d'Emerson et de Whitman, comme une mine d'emblèmes ou de faits absolus que le nouvel Adam doit simplement nommer, évoquer pour les faire vivre, il est clair que plus la vie des sens s'exprimera de manière riche et variée, plus profond et complet sera le panorama, la forêt spirituelle qui foisonne et fait pression pour venir à la lumière » (édit. ital., p. 183).

Pavese avait-il vraiment les moyens humains et littéraires, qu'il admire chez Whitman ou Melville, de créer un monde mythique répondant à ses exigences ? Les *Dialogues avec Leucò*, l'œuvre que Pavese préférait, un livre superbe, attachant, poignant même, mais à certains égards raté, donne le sentiment d'une entreprise anachronique et désespérée : anachronique parce qu'on se demande s'il peut exister aujourd'hui une cosmogonie autre qu'ironique ou comique ; désespérée parce que les dieux de Pavese, ses héros, ses monstres, ses chimères ne sont que des ombres désincarnées, sans consistance, face à ses lourdes et lancinantes obsessions du sang, du sexe et de la mort.

Reste, quand on lit ce recueil quarante ans après la mort de son auteur, une admirable figure d'artiste, une fascinante réflexion sur la création, sur la façon dont elle vit dans l'histoire tout en lui échappant, dont elle tire son origine d'une expérience inconnaissable tout en devenant source de connaissance ; reste le témoignage d'une très haute exigence qui veut que l'artiste s'ouvre à l'homme, à tous les hommes, mais ne puise qu'en lui-même, dans une austère discipline, les moyens de son art ; reste, à une époque où l'idéologie et la langue de bois commençaient à exercer leur lourde pression, la défense jalouse et ombrageuse d'une autonomie qui n'exclut pas la communion mais préserve farouchement la solitude de la création.

GILLES DE VAN (1990)

Littérature et société

RETOUR À L'HOMME

Depuis des années, nous tendons l'oreille aux paroles nouvelles. Depuis des années nous percevons les tressaillements et les balbutiements des créatures nouvelles et nous sentons en nous ainsi que dans les voix étouffées de notre pays quelque chose comme la tiède haleine d'une naissance. Mais nous n'avons réussi à lire que peu de livres italiens pendant les journées tapageuses de l'ère fasciste, pendant cette absurde vie oisive, repliée sur elle-même, qu'il nous a fallu mener alors, et nous avons rencontré des hommes plus que des livres, nous avons rencontré le sang et la chair d'où naissent les livres. Dans nos efforts pour comprendre et pour vivre, des voix étrangères nous ont soutenus : chacun de nous a fréquenté et aimé d'amour la littérature d'un peuple, d'une société lointaine, il en a parlé, il en a traduit des textes, il s'en est fait une patrie idéale. Dans le langage fasciste, tout cela s'appelait xénophilie. Les modérés nous accusaient de vanité exhibitionniste et d'exotisme prétentieux, les rigoristes disaient que nous cherchions dans les goûts et les modèles qui nous venaient d'au-delà des océans ou des Alpes un défoulement pour notre indiscipline sexuelle ou sociale. Naturellement, ils ne pouvaient admettre que nous cherchions en Amérique, en Russie, en Chine ou Dieu sait où une chaleur humaine que l'Italie officielle ne nous donnait pas. Moins encore que nous nous cherchions tout simplement nous-mêmes.

Pourtant il en fut ainsi. Là-bas, nous nous sommes cherchés et nous nous sommes trouvés. Des pages dures et bizarres de ces romans, des images de ces films nous est venue pour la première fois la certitude que le désordre, l'état de violence, l'inquiétude de notre adolescence et de toute la société qui nous entourait, pouvaient se résoudre et s'apaiser dans un style, dans un ordre nouveau, qu'ils pouvaient et devaient se transmuer en une nouvelle légende de l'homme. Cette légende, ce classicisme, nous les avons pressentis sous la dure écorce d'un mode de vie et d'un langage difficiles, souvent peu accessibles ; mais peu à peu nous avons appris à les chercher, à les supposer, à les deviner dans chacune de nos rencontres humaines.

Maintenant nous savons dans quel sens il nous faut travailler. Les signes épars que nous pouvions recueillir, au cours des années sombres, de la voix d'un ami, d'une lecture, de quelques joies et de beaucoup de douleur, ces signes se sont maintenant organisés dans un discours clair et dans l'ébauche d'une promesse. Et le discours, c'est que nous n'irons pas vers le peuple. Car nous sommes déjà peuple et le reste ne compte pas. Tout au plus irons-nous vers l'homme. Car c'est là l'obstacle, l'écorce à rompre : la solitude de l'homme — la nôtre et celle des autres. La nouvelle légende, le style nouveau, ce n'est rien d'autre. Et c'est aussi notre bonheur.

Se proposer d'aller vers le peuple, c'est en fin de compte avouer sa mauvaise conscience. Or nous avons beaucoup de remords mais non celui d'avoir jamais oublié de quelle chair nous sommes faits. Nous savons que dans cette couche sociale que l'on a coutume d'appeler peuple le rire est plus franc, la souffrance plus vive, la parole plus sincère. Et de cela nous tenons compte. Mais qu'est-ce que cela veut dire si ce n'est que dans le peuple la solitude est déjà vaincue — ou en passe de l'être ? De la même manière, dans les romans, dans les poésies ou les films qui nous ont révélés à nous-mêmes dans un proche passé, l'homme était plus franc, plus vif et plus sincère que dans tout ce qui pouvait se faire chez nous. Mais nous ne nous reconnaissons pas pour autant inférieurs ni constitués autrement que les hommes qui font ces romans et ces films. Pour eux comme pour nous, la tâche est de découvrir, de célébrer l'homme par-delà la solitude, par-delà toutes les solitude de l'orgueil et des sens.

Ces années d'angoisse et de sang nous ont appris que l'angoisse et le sang ne sont pas la fin de tout. Une chose se sauve de l'horreur, et c'est l'ouverture de l'homme vers l'homme. De cela nous sommes bien certains car jamais l'homme n'a été moins seul que dans ces temps d'effrayante solitude. Il y a eu des jours où le regard, le clin d'œil d'un inconnu ont suffi à nous faire tressaillir et à nous retenir au bord du précipice. Nous savions et nous savons que partout, dans les regards les plus naïfs comme les plus retors, couvent une charité, une innocence qu'il nous appartient de partager. Bien des barrières, bien des stupides murailles sont tombées ces temps-ci. Même pour nous qui depuis longtemps obéissions à l'inconsciente supplique de toute présence humaine, ce fut un étonnement que de nous sentir investis, submergés par une telle richesse. L'homme, dans ce qu'il a de plus vital, s'est vraiment révélé, et il attend à présent que nous, dont c'est le rôle, sachions comprendre et parler.

Parler. Les paroles sont notre métier. Nous le disons sans ombre de timidité ou d'ironie. Les paroles sont de tendres choses, intraitables et vivantes, mais elles sont faites pour l'homme et non l'homme pour elles. Nous sentons tous que nous vivons dans une époque où il faut ramener les paroles à la netteté solide et crue de quand l'homme les créait pour s'en servir. Et il nous arrive justement pour cette raison, parce qu'elles servent à l'homme, que les paroles nouvelles nous émeuvent et nous empoignent plus qu'aucune des voix les plus pompeuses du monde qui disparaît, comme une prière ou un bulletin militaire.

Notre tâche est difficile mais vitale. Elle est aussi la seule qui ait un sens et porte une espérance. Ce sont des hommes ceux qui attendent nos paroles, de pauvres hommes comme nous quand nous oublions que la vie est communion. Ils nous écouteront rudes et confiants, prêts à incarner les paroles que nous dirons. Les décevoir serait les trahir, ce serait aussi trahir notre passé.

Publié dans L'Unità *de Turin, le 20 mai 1945.*

LIRE

Il est vrai qu'il ne faut pas se lasser d'appeler les écrivains à la clarté, à la simplicité, à la sollicitude envers les masses qui n'écrivent pas, mais quelquefois on se prend à douter que tout le monde sache lire. Lire est si facile, disent ceux auxquels la longue pratique des livres a ôté tout respect pour la parole écrite ; mais celui qui a affaire à des choses ou des hommes plutôt qu'à des livres, celui qui doit sortir le matin et rentrer le soir endurci, s'aperçoit, quand par hasard il se concentre sur une page, qu'il a sous les yeux quelque chose de rebutant et d'étrange, d'évanescent et en même temps de fort, qui l'agresse et le décourage. Inutile d'ajouter que ce dernier est plus proche de la vraie lecture que les autres.

Il en va des livres comme des gens. Il faut les prendre au sérieux. Mais c'est justement la raison pour laquelle nous devons nous garder d'en faire des idoles, c'est-à-dire des instruments de notre paresse. En ce sens, l'homme qui ne vit pas au milieu des livres, et qui doit faire un effort pour les ouvrir, a un capital d'humilité, de force inconsciente — la seule qui vaille — qui lui permet d'approcher les paroles avec le respect et l'appréhension avec lesquels on approche une personne aimée. Et cela vaut beaucoup plus que la « culture », c'est même la vraie culture. Le besoin de comprendre les autres, la charité envers les autres, qui est d'ailleurs l'unique façon de se comprendre et de s'aimer soi-même : c'est par eux que commence la culture. Les livres ne sont pas les hommes, ce sont des moyens pour parvenir jusqu'à eux ; celui qui aime les livres et n'aime pas les hommes est un fat ou un damné.

Il y a un obstacle à la lecture, et c'est toujours le même, dans tous les domaines de la vie : l'excès d'assurance, le manque d'humilité, le refus d'accueillir l'autre, le différent. Nous sommes toujours blessés par l'incroyable découverte que quelqu'un a vu, je ne dis pas plus loin que nous, mais autrement. Nous sommes façonnés par l'habitude sinistre. Nous aimons nous étonner, comme les enfants, mais pas trop. Que l'étonnement nous impose de sortir vraiment de nous-mêmes, de perdre l'équilibre pour en retrouver un autre peut-être plus risqué, et nous faisons la moue, nous trépignons, nous redevenons vraiment des enfants. Mais de ces derniers, il nous manque la virginité qui est innocence. Nous avons des idées, nous avons des goûts et justement nous avons déjà lu des livres : nous possédons quelque chose et comme tous les possédants, nous tremblons pour ce quelque chose.

Malheureusement nous avons tous lu. Et tout comme il arrive souvent que les bourgeois les plus modestes tiennent bien plus que les agiles aventuriers du grand monde au faux décorum et aux préjugés de leur classe, de même l'ignorant qui a lu quelque chose se cramponne aveuglément au goût, à la banalité, au préjugé qu'il y a puisés, et après ce jour, s'il lui arrive de lire encore, il juge et condamne tout à cette aune. Il est si facile d'accepter le point de vue le plus banal, et de s'y tenir, sûr de l'accord du plus grand nombre. Il est si commode de supposer que tout effort est terminé et que l'on connaît la beauté, la vérité, la justice. C'est commode et c'est lâche. C'est comme croire que l'on s'est acquitté de son éternel et terrible devoir de charité envers l'homme en donnant de temps à autre une lire à un mendiant. Ici encore, nous ne ferons rien sans le respect et l'humilité : l'humilité qui nous entrouvre des soupiraux à travers notre substance d'orgueil et de paresse, le respect qui nous convainc de la dignité de l'autre, du différent, du prochain en tant que tel.

On parle de livres. Or il est bien connu que plus leur voix est simple et nette, plus ils ont coûté de douleur et de tension à ceux qui les ont écrits. Inutile par conséquent d'espérer les sonder sans payer de sa personne. Lire n'est pas facile. Et il arrive que celui qui a fait, comme on dit, des études, qui se meut avec aisance dans le monde de la connaissance et du goût, qui a le temps et les moyens de lire, soit trop souvent sans âme, mort à l'amour pour l'homme, encroûté et endurci dans son égoïsme de caste. Alors que celui qui pourrait aspirer à ce monde de l'imagination et de la pensée, comme il aspire à la vie, est presque toujours encore dépourvu des bases ; il lui manque l'alphabet des divers langages, il n'a ni le temps ni la force, ou, pire encore, il est déformé par une fausse préparation, une sorte de propagande, qui lui cachent les valeurs ou les défigurent. Celui qui affronte un traité de physique, un texte de comptabilité, la grammaire d'une langue, sait qu'il existe une préparation spécifique, un minimum de notions indispensables pour tirer profit de sa nouvelle lecture. Combien se rendent compte qu'un bagage technique analogue est nécessaire pour approcher un roman, une poésie, un essai, une méditation ? Et que ces notions techniques, de surcroît, sont incomparablement plus complexes, subtiles et fuyantes que les autres et qu'on ne les trouve dans aucun manuel, dans aucune bible ? Chacun pense qu'un récit, une poésie sont naturellement accessibles à l'attention courante, du simple fait qu'ils ne s'adressent pas au physicien, au comptable ou au spécialiste, mais à l'homme qui est en chacun d'eux. Et c'est là l'erreur. L'homme est une chose, les hommes en sont une autre. Et d'ailleurs c'est une sotte légende de croire que les poètes, les narrateurs, les philosophes s'adressent à l'homme dans l'absolu, à l'homme abstrait, à l'Homme. Ils parlent à l'individu d'une époque et d'une situation déterminées, à l'individu qui rencontre des problèmes spécifiques et cherche à sa manière à les résoudre, même et surtout quand il lit des romans. Il faut donc, pour comprendre les romans, se replacer dans l'époque et se poser ses problèmes ; ce qui, dans ce domaine, veut dire avant tout apprendre les langages, la nécessité des langages. Il faut se convaincre que si un écrivain choisit un mot, un ton, une tournure insolites, il a au moins le droit de ne pas être immédiatement condamné au nom d'une précédente lecture où les mots et les tournures étaient plus ordonnés, plus faciles ou tout simplement différents. Cette affaire du langage est la plus voyante mais non la plus brûlante. Certes tout est langage chez un écrivain qui mérite ce nom, et justement il suffit de l'avoir compris pour se trouver dans un monde très vivant et complexe où le choix d'un mot, d'une inflexion, d'un rythme, devient aussitôt un problème de mœurs, de moralité. Ou carrément de politique.

Arrêtons là. Ce que l'on appelle l'art est une chose sérieuse. Au moins aussi sérieuse que la morale ou la politique. Mais si nous avons le devoir d'aborder l'une comme l'autre avec une modestie qui est recherche de clarté — charité envers les autres, rigueur envers nous-mêmes — on ne voit pas de quel droit, devant une page écrite, nous oublions que nous sommes des hommes et qu'un homme nous parle.

Publié dans L'Unità *de Turin, le 20 juin 1945.*

LE FASCISME
ET LA CULTURE

Le fascisme a introduit dans la culture italienne la peur du lendemain. Non de ce lendemain matériel qui consiste en confort et en nourriture mais d'un éventuel lendemain catastrophique où éclateraient la guerre, la défaite ou la victoire, le cataclysme.

Pendant ces vingt ans, à chaque instant la culture italienne a été sur le point de crier : « Assez maintenant. Comme ça c'est bien. Arrête-toi fascisme » et elle a toujours été disposée à accepter l'inconfort de la situation du moment qu'elle en retirait la certitude que les choses n'empireraient pas. Mais la nature du fascisme, comme de tous les vices, était au contraire de dévaler la pente en devenant avalanche, en échappant même au contrôle de ses chefs. Dans ces tribulations, la culture italienne s'est nourrie de l'illusion, perpétuellement renouvelée, qu'il était possible de se creuser une niche et de s'y blottir en vaquant à ses occupations, de la même façon que l'on accepte le mauvais temps en grommelant et que l'on se console en songeant qu'après tout c'est bon pour la campagne. J'ai connu un antifasciste, professeur et mathématicien, qui en février 1938, après la chute de Madrid, m'a avoué : « Mais oui, je suis content. Je ne réussissais plus à réfléchir et à travailler. Maintenant je n'éprouverai plus le remords de ne pas être en Espagne pour combattre Franco. »

Par bonheur le fascisme avait le diable au corps, plus que ne l'imaginait à chaque fois l'intelligence italienne : à la fin d'une aventure il en commençait une autre, quand une loi avait porté ses fruits, il en échafaudait une pire, si un adversaire était vaincu, il agressait le suivant. « Beaucoup d'ennemis, beaucoup d'honneur. » On courait au cataclysme et le monde de la culture le savait, il l'avait toujours su. Je parle de toute la culture, même de celle qui s'appelait « fasciste », même de l'académie d'Italie. Tous désiraient que dans un éclair de génie, ou de magnanimité, ou de sens commun, l'Homme de la Providence ouvrît les yeux et en finît une bonne fois avec les risques. « Ensuite les choses — disions-nous — s'arrangeront toutes seules. » Par bonheur elles ne se sont pas arrangées.

Mais, en attendant, l'état de panique dans lequel ont vécu les plus grandes intelligences italiennes, la conscience permanente qu'il n'y avait pas d'autre issue que dans la fin d'un monde contribuèrent à donner à notre culture ce caractère ombrageux, névrotique, futile ou désespéré qui fut son trait principal pendant ces vingt ans. Si nous voulons être justes, dans ce caractère il faut chercher la cause de quelques succès (Moravia, le premier Vittorini, Ungaretti, Scipione, Guttuso, etc.), mais aussi la source de bien des obscénités indigestes. Est-ce la peine de citer des noms ?

Quant à ceux qui avaient le cœur léger, les adeptes

du *dopolavoro*[1], les tâcherons du cinéma de propagande, les « prolétaires et fascistes », ils étaient vraiment trop bêtes. Pourtant on peut affirmer que les meilleurs d'entre nous, tout ombrageux et désespérés qu'ils étaient, se sont souvent surpris, au cours des années passées, à imaginer qu'une seule chose pouvait les sauver : un plongeon dans la foule, une soudaine et forte fièvre d'expériences et d'intérêts prolétaires et paysans, qui aurait permis à la maladie spéciale et raffinée que le fascisme nous inoculait de déboucher sur la santé humble et pratique de tous. Quelque chose comme aller vers le peuple, avons-nous pensé. Mais bien entendu cet « aller vers le peuple » faisait partie de l'avalanche. Et puis, n'étions-nous pas nous-mêmes peuple ? N'est-ce pas le comble de la névrose que d'éprouver le besoin de sortir de soi-même ? Les vrais hommes du peuple ont-ils de ces lubies ?

En fait, maintenant que c'est terminé, il nous semble évident que nous ne pouvions nous libérer de l'angoisse qu'à travers un goulet de sang et de douleur. La déchirure, la crise ont eu lieu. Il fallait et il faut vaincre la peur. Même et surtout celle de se sentir exclus, privilégiés, seuls. Si notre réalité est vraiment prolétaire et paysanne, nous ne devrons pas en faire étalage comme d'un problème ou d'un trait distinctif. Il suffira de la vivre.

Inédit, daté d'octobre (?) 1945. On en ignore la destination.

1. *Dopolavoro :* organisation officielle des loisirs pour les travailleurs, à l'époque fasciste. *(N.d.T.)*

LE COMMUNISME ET LES INTELLECTUELS

I

« Mais la liberté ? » répond notre ami intellectuel avec lequel il nous arrive de commenter les récentes adhésions de tant d'intellectuels européens au communisme. « S'y rallier et le soutenir sans léser les droits et la conscience de personne, ce n'est pas possible. Par conséquent... »

Telle est la réponse des intellectuels. Dans nos campagnes a plutôt cours cet autre argument plus fruste que sous le communisme la liberté, loin de manquer, surabondera (liberté de blasphémer, de séduire et d'abandonner sa femme et ses enfants, de vendre son âme au diable), mais les intellectuels ne vivent pas à la campagne. Les intellectuels sont dispersés dans les écoles, dans les usines, les bureaux et les cafés, ils savent tous que l'on vit sous un régime absurde de gaspillage, et même les plus violents ou les plus timides ne contestent pas la justesse et la maturité historique de l'idéal communiste. « Ce serait beau — disent-ils — de s'y rallier. Mais la liberté ? » et certains organisent des systèmes ingénieux pour sauver la chèvre et le chou.

Ce n'est pas nécessaire. Personne, pendant ces vingt années, n'a souffert plus que les intellectuels de la somme de deux maux : un incessant terrorisme social et l'impossibilité de respirer librement. Si maintenant bon nombre d'intellectuels — et non des moindres — viennent au communisme comme s'ils réalisaient un vœu formulé dans l'angoisse de ces années terribles, cela veut dire que nombre d'entre eux y trouvent avant tout une condition de liberté, un chemin vers des expériences et des créations que les autres systèmes ne permettent pas ou ne promettent pas aussi fructueuses. Que cette promesse soit uniquement une vie collective différente et plus efficace sur laquelle greffer sa propre vie intérieure, qu'elle soit une foi ou, comme on dit, une véritable idéologie à laquelle travailler et se donner, le fait est que dans toute l'Europe, en Amérique et dans le monde, des hommes de pensée, d'imagination et de conscience, célèbres ou obscurs, choisissent de célébrer leur liberté dans une pratique communiste. Cela veut dire quelque chose. Cela veut dire avant tout que pour ces hommes n'avait pas existé jusqu'à présent une plus grande liberté intellectuelle.

Il n'est pas ici question du nazifascisme, mais de cet ensemble de résistances, d'intérêts, de situations historiques constituées qui l'ont précédé dans le monde entier et qui, au bout du compte, le valent comme celui qui ordonne un crime vaut celui qui l'exécute. À plus forte raison en Italie, l'Italie féodale dans le Sud et partout rhétorique et provinciale. Il est indéniable que le génie — et l'Italie, chacun le sait, est le pays du génie — peut fleurir partout et que même il se glorifie des obstacles, des contraintes et des cabales qui en essayant de l'étouffer donnent plus d'élan et de vigueur à son vol d'aigle, mais lutter est une chose, s'enliser en est une autre. Et nous parlons ici de notre vie à nous, de la vie intellectuelle de millions d'hommes, qui tend naturellement à se créer une atmosphère respirable, saine et propice aux échanges, à jeter des racines dans les couches sociales les moins connues, à se nourrir des sucs de tout ce qui est humain et vital, et à en faire partager les fruits à chacun. Quand une pensée ou une parole s'expriment dans la solitude ou presque, quand elles s'adressent à une petite société, sans se frotter aux couches sociales qui vivent le plus immédiatement l'inconscient labeur du présent, sans percevoir leur souffle, cette pensée et cette parole seront anémiques, vaines, arriérées. Ce n'est un mystère pour personne que l'Italie est un pays arriéré : dans ses institutions, dans ses habitudes, dans son langage. Or le monde est arrivé à un point où partout la culture vivante tend à se situer au niveau des nouvelles structures techniques et productives, ce qui implique que l'on s'adapte à la masse humaine de plus en plus grande qui est engagée dans ces structures, qu'on en fasse son objet et son sujet, en bousculant toute paresseuse et mondaine complaisance pour d'anciennes et traditionnelles habitudes de salon ou d'école. Ce n'est rien d'autre qu'un besoin de libération. Mais pas en Italie. Les intellectuels italiens se piquent d'être déjà libres parce qu'ils peuvent choisir de perpétuer un académisme exquis et futile. Et quand ils font de la littérature populaire, ils finissent par faire du folklore. Le folklorisme, c'est par exemple réduire la dure et sérieuse vie de la campagne à un costume bariolé, à un dialecte ou à un rite. Tous les libéraux italiens sont des fervents de quelque folklore, parfois d'un internationalisme et d'un humanisme sophistiqués, peu importe. Or le problème est le suivant : patauger dans cette mare, est-ce nager ? Cela a-t-il un sens historique de ne pas lever le petit doigt sous prétexte que de toute façon nous sommes dans l'histoire ?

Que pour beaucoup d'Italiens la liberté intellectuelle soit ce formalisme vide n'est pas sans une ancienne raison : il n'a pas existé de vraie liberté politique chez nous, ni maintenant ni jamais. Que la culture italienne ait pu suivre son cours sous le fascisme, sans changement substantiel, signifie que même avant elle n'avait pas ce grand besoin de liberté qu'on lui prête — que celle-ci lui ait ou non été accordée. Les barreaux que le fascisme a placés existaient avant, presque implicitement, et si l'Italie n'en a pas fait un constat fracassant, c'est parce qu'elle a toujours eu le bon goût de ne pas s'y cogner. C'est si vrai que dès qu'elle a fait mine de prendre les choses au sérieux — dans le domaine institutionnel et social, ce qui est logique — les portes se sont refermées : pensons à la période entre 1919 et 1925. En Italie régnait une dictature de classe consolidée par les compromis du Risorgimento, par les échecs de 1848, par les rencontres à Teano[1] et par les transformismes qui

1. Teano : dans ce village près de Naples, Garibaldi rencontra en 1860 le roi Victor Emmanuel II et lui remit le royaume des Deux Siciles qu'il venait de conquérir. Ce terme est pris ici comme symbole de la soumission des forces progressistes au pouvoir conservateur. *(N.d.T.)*

devaient suivre ; et que cette dictature n'eût pas encore renié la liberté de presse et d'association ne voulait pas dire que la presse et les associations se développaient de façon autonome et responsable. D'ailleurs ne manquèrent ni les meurtres ni les résidences forcées. La culture italienne — on le vit à l'œil nu pendant les vingt ans du fascisme — était dans sa quasi totalité, dans son ton, satisfaite de traiter librement ses thèmes habituels devant ses auditeurs habituels, et les rares hommes qui eurent l'audace d'aller plus loin et d'imaginer que le pays était mûr pour une liberté plus substantielle et plus active — Gramsci, Gobetti — furent liquidés en temps et lieu voulus. Il est naïf — et en Italie carrément stupide — de supposer que l'exercice d'une liberté intellectuelle authentique, qui ne se lasse jamais de projeter la lumière sur les recoins les plus secrets et les plus honteux d'une société, n'incite pas aux représailles ceux qui sont responsables de l'état de choses en vigueur et qui en tirent profit. Tant qu'une classe ou une clique détient, en vertu d'une tradition historique ou de services rendus par le passé, des leviers de commande et d'exploitation que ne justifie pas son actuelle compétence dans une société composée chaque jour davantage de techniciens salariés — et que sommes nous d'autres, nous autres intellectuels ? —, cette classe ou clique fera tous les efforts possibles pour soustraire à la critique et au contrôle sa sphère d'action. Autrement dit, elle essaiera de bâillonner toute liberté qui s'oppose à elle. C'est ce qui s'est passé en Italie jusqu'à présent, c'est ce qui se passera demain et toujours si nous ne l'empêchons pas.

L'histoire de ces dernières années, même en Italie, montre à qui veut l'entendre que les intellectuels peuvent trouver dans le communisme l'instrument le plus efficace pour réaliser une liberté intellectuelle concrète. L'expérience directe de la guerre de libération a rendu caduques beaucoup des calomnies les plus banales que le fascisme avait répandues avec succès sur le compte du communisme. Des hommes de tous les partis, y compris les indépendants et les double-jeu (c'est aussi un parti en Italie), ont pris conscience, en collaborant avec les communistes, d'une droiture et d'une humanité qu'ils ne leur connaissaient pas. Mais surtout ils ont touché du doigt l'esprit concret et la solidité politique de ces camarades. Ils les ont vu descendre au milieu des masses et les agiter, les politiser. Ils ont fait l'expérience d'une nouvelle morale démocratique de l'autocritique et de la discipline. Ils ont compris ou deviné ce que veut dire « le Parti communiste est l'avant-garde organisée de la classe ouvrière ». Si l'on rappelle par ailleurs que le Parti communiste est le seul parti de masse italien qui n'ait jamais hésité ou pactisé pendant vingt ans de lutte clandestine, le premier qui à l'automne 1943 ait lancé le mot d'ordre de la politique d'union nationale contre le fascisme traître et l'étranger, il faudra bien se demander d'où lui sont venues une détermination si concrète et une telle force. La réponse est immédiate : le Parti communiste a pu œuvrer de manière aussi radicale et ferme parce que ses prémisses, ses théories et ses objectifs s'identifient avec la réalité profonde, avec les exigences et les apports de la classe des travailleurs, la nouvelle classe dirigeante italienne.

Il est facile — c'est un jeu — de démontrer que depuis deux ans ou à peine plus que les communistes ont recommencé à agir au grand jour, il n'y a pas eu une proposition, une mesure, une polémique authentiquement démocratique — c'est-à-dire destinée à garantir et à approfondir la liberté des citoyens — dont ils n'aient été les inspirateurs et les défenseurs les plus chaleureux. À ce point, on dira : « D'accord. Nous vous donnons acte de tout ce que vous avez fait avec vos associés du Comité de Libération nationale. Désormais c'est de l'histoire. Mais qui nous assure que, passée la période de l'entente cordiale, quand il faudra bien mettre la main à la reconstruction et aux réformes, vous ne jetterez pas le masque et vous ne redeviendrez pas ces chiens enragés dont parlait le ministre fasciste de la Culture populaire et dont parlent encore aujourd'hui en chaire les curés ? Vous avez déjà fait au moins deux guerres civiles, en Russie et en Espagne. » Tels sont les propos de notre ami intellectuel.

On parlait de liberté. De liberté concrète. La guerre civile n'est pas une objection. Quand elle a été nécessaire — contre les fascistes républicains — les communistes l'ont faite, les libéraux aussi. Quand un tissu dégénère et s'infecte, ce n'est pas faire violence à la personne du malade que de l'éliminer sans façons. Tout au plus est-il déplorable de ne pas aller jusqu'au bout. Quoi qu'il en soit, il ne s'agit pas de cela. Il existe maintenant en Italie une situation précise : une structure institutionnelle et productive très ébranlée, des intérêts et des personnes qui ont survécu à une tourmente qui devait les balayer et qui au contraire les a simplement sonnés ; ces intérêts se réorganisent, ce sont les mêmes qui ont voulu ou toléré que l'on donnât le coup de grâce à notre première et souffreteuse démocratie préfasciste, ils sont tout disposés à recommencer une nouvelle fois et pour les mêmes raisons fort compréhensibles : devant eux se tient un peuple, une masse humaine qui a éprouvé dans sa chair toute la rage de cette tourmente et qui n'a pas disparu, simplement parce qu'elle était trop nombreuse et trop entraînée à souffrir. Cette masse, à la fois récente et très ancienne, sait dans sa grande majorité à qui elle doit ses deuils, ses plaies et sa faim, elle sait qu'elle est un peuple, le peuple, elle sait que ceux qui travaillent dans tous les domaines subissent le même destin qu'elle, et elle fait naturellement bloc autour des partis qui ne lui ont jamais menti, qui l'expriment, qui ne font qu'un avec son avènement dans l'histoire, et autour du plus conséquent d'entre eux, du plus dur et du plus détesté de ses exploiteurs, le Parti communiste. Il s'agira demain d'étudier et de discuter les réformes qui permettront à cette masse de se retrouver, de s'expliquer, de déployer toutes ses possibilités, afin de bloquer le passé pour toujours et d'organiser un avenir digne d'être vécu. Il va de soi que cette œuvre obligera à prendre des décisions qui porteront atteinte à ces intérêts et ces personnes que nous connaissons tous ; on édictera des lois qui ne feront pas l'affaire de tout le monde ; on balayera bien des écuries et des palais ; et tout ça, dit l'intellectuel, est-ce respecter la liberté ? Sans doute aucun, peut-on répondre, et celui qui redoute que les communistes aspirent au sang et au massacre, bref à la dictature, n'à qu'à observer qui sont ceux qui ont intérêt à repousser, à entraver, à invalider les élections de la libre et démocratique assemblée constituante.

Ce n'est pas notre rôle, ni notre propos ici et maintenant, d'exposer et de discuter concrètement les revendications qui d'un peuple battu et désorienté permettront d'arriver à une société active et civilisée, digne du monde des hommes libres. Nous commentons entre intellectuels la sympathie qui pousse indéniablement vers le communisme tous ceux qui ont rêvé de liberté pendant ces années-là, sous la botte nazifasciste. Et je crois que beaucoup ont dû parfois se dire que la grande faute, la faute historique de ces tristes régimes fut moins le massacre, l'injustice féroce et organisée, que celle d'avoir retardé le monde nouveau, fût-ce d'un jour ou de vingt ans. Car, sous toutes ces convulsions, c'est lui qui demande à naître avec urgence et insistance. Il va de soi toutefois que même ces vingt années, cette monstrueuse stagnation, n'ont pas été inutiles. Elles ont rendu plus évident et plus irrésistible le besoin de liberté qui résonne dans la ferme voix des masses, d'une véritable liberté qui recommence à zéro, en partant du travail et de la nourriture, et qui ne se laisse plus entraver et duper par le respect pour d'historiques privilèges acquis. Chacun peut voir qu'en Italie le Parti communiste est sorti sincèrement démocratique de la vie clandestine, et c'est là un autre indice de l'élargissement et de l'approfondissement de son emprise sur les masses du peuple qui travaille. Celui qui a la force de son côté n'a pas besoin de recourir à des coups de force. Ce ne sont jamais les majorités qui rêvent de dictatures. Quant à l'accusation que le communisme aspire à une société parfaite et qu'il est en conséquence disposé à l'instaurer avec cette absence de scrupules et ce fanatisme qui sont le lot des parfaits, nous répondrons que c'est plutôt la vieille société qui s'estime parfaite et fondée à conserver des positions périmées et des préjugés désuets. La liberté ne consiste pas à laisser quelqu'un continuer à être ce qu'il a été un jour, mais à mettre tous les hommes en mesure de déterminer et de construire leur nouvelle réalité. Vu que nous avons parlé de sociétés parfaites, un exemple nous sera utile.

Si vers la fin du monde ancien quelqu'un s'était demandé où était la liberté religieuse et philosophique, dans la grande tolérance de la société païenne ou dans l'intransigeance des communautés évangéliques, comment aurait-il répondu ? Les païens perpétuaient leur académie dans le respect des règles du jeu, élégants et maîtres d'eux, glissant de système en système avec un goût exquis et une érudition vaste et solide, sans jamais perdre de vue que tout cela n'engageait à rien et n'allait pas au-delà de la rémunération et de la considération. Société abstraitement libérale et parfaite qui sut se défendre avec des lions et des croix quand le moment fut venu, c'est-à-dire quand l'intransigeance et la virulence des chrétiens la mirent sérieusement en question. Pendant ce temps les chrétiens, les fanatiques, découvraient dans leur intolérance spirituelle une nouvelle dimension de l'âme, ils en fixaient la structure et les normes, ils se débattaient au milieu de problèmes nouveaux et insoupçonnés que leur concrète liberté intérieure soulevait devant eux à chaque pas. Pendant un temps il ne fut plus question ni de considération ni de rémunération. Il n'empêche que les nouvelles provinces de l'âme, découvertes alors, sont encore aujourd'hui vivantes et agissantes en nous. Et il ne sert à rien d'objecter que très vite la considération et la rémunération firent aussi envie aux chrétiens, devenus parfaits. Ces choses-là arrivent, on naît et l'on meurt.

À ce propos, des intellectuels croyants font observer qu'on ne peut confondre la société mystique de l'Église et un système jurique d'institutions, comme par exemple la société soviétique. C'est évident. Mais ils continuent en accusant le matérialisme qui, propagé du haut, a envahi toute la vie des Russes et pousse, par exemple, de larges couches de la population à consacrer jour et nuit ses forces à construire frénétiquement une usine, puis les machines qu'on y met et enfin les biens de production et de consommation que ces machines fabriquent. Or, sans parler du fait que si les Russes n'avaient pas dans le passé construit sur une aussi large échelle et avec tant d'énergie, Hitler sillonnerait encore l'Europe, cette accusation est pour le moins démagogique. Mais comment ? On permet au citoyen chrétien — on lui enseigne même — de tuer et de se faire tuer en guerre — une guerre juste, cela s'entend — et après on condamne comme matérialiste le fait de consacrer sa passion et ses forces à soulager la vie de son prochain en travaillant ? Pourquoi meurt-on en guerre si ce n'est, dans le meilleur des cas, pour améliorer la vie de son prochain ? Et mourir, c'est un peu plus irréparable que de s'épuiser à la tâche, qu'elle soit matérielle ou idéale. En vérité, on assiste à la renaissance de l'absurde campagne franciscaine contre le monde humain de la technique, cette campagne qui au siècle dernier a été le privilège des esthètes, puis, au nôtre, des primitivistes néo-païens et maintenant — étrange rapprochement — des chrétiens humaniste du genre Berdiaeff. Sans parler d'autres adeptes. Mais l'homme *est* technique, depuis le jour où il a empoigné une hache pour combattre les fauves ou un style pour écrire ; et si la technique paraît être aujourd'hui l'ennemie de l'esprit, c'est vrai dans le sens où dans trop de pays, sur cette terre, le travail que les hommes accomplissent est rejeté et dévalorisé par ceux qui ne travaillent pas et qui en tirent profit. La faute n'en revient pas à la technique mais à ceux qui croient que l'esprit n'a pas goût de sueur et de terre, et qu'il est autre chose que l'enthousiasme de découvrir, de transformer, d'utiliser la matière, toute la matière. En suivant la voie de la préservation jalouse des valeurs spirituelles — devenues bien entendu des situations confortables pour ceux qui les défendent —, nous sommes parvenus à un système social dans lequel celui qui travaille s'éreinte et se détruit tout autant que celui qui ne travaille pas. Mais que naisse une société où l'enthousiasme a brûlé toute scorie et où l'œuvre des mains est inséparable de celle du cerveau, pour le bien de tous, et les docteurs de l'esprit s'indignent. Cela a-t-il un sens ?

Malheureusement il y en a un, et il s'appelle paresse, intérêt, naïveté ou mauvaise foi. Nous voudrions que notre ami intellectuel, si justement préoccupé par les destinées de l'esprit, réfléchisse comment à chaque époque l'esprit authentique, vivant, fut celui qui descendait parmi les hommes et travaillait pour élucider et résoudre des problèmes de la vie concrète, nés chaque fois de la résistance que les vieilles formules opposaient aux nouvelles et irrésistibles réalités pratiques et sociales. L'histoire a vu beaucoup plus de révolutions qu'on ne le raconte. Il ne fut pas toujours nécessaire de décapiter Charles Ier ou de prendre d'assaut le Palais d'Hiver — ce sont des crises exceptionnelles —, mais l'esprit véritable s'est toujours incarné dans une technique, il a été technique, efficacité contre la rouille et les pannes de la machine en place. Celui qui a une expérience des masses communistes ou simplement organisées et en train de se révolter contre la sinistre brutalité, vraiment matérielle, que pendant si longtemps les dirigeants de la troisième Italie[1] leur ont imposée, sait que parmi elles la culture vivante, la sollicitude compétente et active d'un intellectuel sont saluées favorablement comme l'était jadis parmi leurs ancêtres la présence d'un prêtre. Presque toujours l'intellectuel sort désemparé de ce climat de cordialité et de confiance qui représente pour lui comme un terrible engagement. La première rencontre avec un camarade de la base a pour beaucoup fait l'effet d'un appel du destin. On éprouve le besoin de revoir toute une série d'habitudes mentales, avec un seul impératif : comment s'orienter dans le monde de l'esprit afin que sa plus haute activité ne laisse échapper aucune des exigences et des demandes du camarade homme nouvellement découvert.

Les couches qui, disions-nous, vivent de la manière

1. Troisième Italie : on désigne par cette expression l'Italie issue du processus de réunification au XIXe siècle, la première étant l'Italie romaine et la deuxième celle de la Renaissance. *(N.d.T.)*

la plus immédiate l'inconscient labeur du présent, ont ceci à proposer à tous les intellectuels : une perpétuelle norme de vie et de ressources techniques. Par la confrontation avec elles, on cherche la liberté concrète d'une action à accomplir, d'une norme à suivre. Respirer à leur rythme ne veut pas dire autre chose. La richesse humaine, la profonde capacité de joie et de sacrifice qui à toute époque de l'histoire a sourdement tressailli dans les masses, est presque arrivée à notre époque au point de rupture, et le nouveau monde de la technique offre les moyens nécessaires à une élimination radicale et consciente d'entraves et de résistances séculaires, à la libération d'énergies insoupçonnées. Il suffit de prendre conscience de cet immense labeur et de l'accepter.

Or dans cette attitude couve un danger : celui d'« aller vers le peuple ». Particulièrement en Italie. Ce sont les fascistes qui vont vers le peuple. Ou les maîtres. Et « aller vers lui », cela veut dire le travestir, en faire un objet de nos goûts et de nos condescendances. Ce n'est pas ça, la liberté. On ne va pas « vers le peuple ». On *est* peuple. Même l'intellectuel, même le « maître », qui subissent et vivent ce labeur élémentaire qu'est le passage d'une civilisation de contrainte et de gaspillage à celle qui s'organise dans la liberté de la technique, *sont* peuple et préparent un gouvernement du peuple. C'est-à-dire ce que veut le communisme. Et la démocratie, c'est ce gouvernement.

Le communisme et les intellectuels, *inédit, daté 14-16 avril 1946. On en ignore la destination.*

II

Est-il possible que l'on se rallie au communisme par amour de la liberté ? C'est ce qui nous est arrivé. Pour un écrivain, pour un « ouvrier de l'imagination », qui dix fois par jour court le risque de croire que toute la vie tient dans les livres, dans ses livres, il faut une cure continuelle de secousses, qu'elles viennent de notre prochain ou de la réalité concrète. Nous respectons trop notre métier pour nous imaginer que le talent et l'invention nous suffisent. Rien de valable ne peut sortir de notre plume et de nos mains qui ne se soit frotté, heurté aux choses et aux hommes. Seul est libre l'homme qui s'insère dans la réalité et la transforme, non celui qui chemine au milieu des nuages. D'ailleurs même les martinets n'arrivent pas à voler dans le vide absolu.

Or, de toutes les réalités qui remplissent nos journées, la plus conséquente, la plus concrète, la plus libératrice, nous semble être, et ce depuis longemps, la lutte engagée par le Parti communiste italien. Les intellectuels, partagés sur le problème de la liberté, feraient bien de se demander sincèrement ce qu'ils entendent faire avec cette liberté dont ils sont à juste titre soucieux. Ils verraient alors que s'ils font abstraction de la paresse et des intérêts inavoués de chacun, il n'existe pas d'exigence à laquelle, pour peu qu'ils cherchent réellement le progrès humain, ils donnent une réponse différente de celle collective des travailleurs. Nous savons par expérience que toute adhésion individuelle à une parole, à une sollicitation politique (et s'abstenir c'est aussi prendre parti), place son auteur dans un jeu de questions et réponses, dans une périlleuse tranchée; et c'est justement la raison pour laquelle nous n'imaginons pas qu'il existe un «paradis des martinets» où l'on puisse être à la fois progressiste et libéral. Même les anarchistes n'y arrivent pas. Notre liberté est la liberté de celui qui travaille, de celui qui affronte l'opacité et la dureté compacte d'un matériau. Demandez-le à n'importe quel écrivain : que ferait-il sans obstacle, sans la contrainte des mots? La difficulté, c'est d'établir à chaque fois jusqu'à quel point nous sommes parole nous aussi, matériau, objet de statistiques. Mais, sur ce point, on ne peut que renvoyer à notre pratique quotidienne de la discussion et de l'autocritique.

Inédit, daté 13 novembre 1947. Pavese, comme d'autres écrivains et hommes de culture inscrits au Parti, avait été invité par la direction du P.C.I. à répondre brièvement à la question : Pourquoi je suis communiste. *Les réponses devaient être réunies dans un opuscule de propagande.*

À PROPOS D'UNE NOUVELLE LITTÉRATURE

Le gaspillage des énergies est caractéristique des époques comme la nôtre. On est toujours trop jeune, c'est-à-dire sottement gauche et compliqué, devant l'invraisemblable possibilité de réaliser des choses encore interdites la veille. C'est le propre des jeunes que d'aborder la vie, par exemple une femme, avec un bagage complexe d'idées préconçues et abstraites, d'exigences, de susceptibilités ombrageuses, qui usent et détruisent les nerfs. Trop de gens désormais, jeunes et vieux, ignorent l'art de laisser parler les choses, d'accepter son destin, de vivre en accord avec soi-même. Nous nous débattons tous inutilement; de même, aujourd'hui, personne ne sait se choisir une ville, une maison où s'arrêter et travailler. Peut-être est-ce la conséquence, durable, de la vie et de la lutte clandestines; peut-être est-ce pire. La plus importante des choses hier encore interdites est certainement la possibilité de travailler et de parler librement pour les autres, pour son prochain, pour le camarade homme. Beaucoup a été fait et sera fait chez nous pour aller le plus loin possible dans l'analyse objective, dans la formulation puis la mise en œuvre d'une méthode politique pour une situation donnée : les capacités existent et les camarades le savent. Dans ce domaine, on ne gaspille pas les énergies. La dureté de la lutte et l'importance de l'enjeu tendent naturellement à éliminer ceux qui abordent leur tâche avec des idées toutes faites ou l'esprit confus. Il n'est pas possible de mentir longtemps sur ce terrain. Surtout il n'est pas possible de se mentir à soi-même. Nous évoluons au milieu de réalités sanglantes et leur conscience sait au moins suggérer aux hommes de bonne volonté d'accepter des ordres. La collaboration avec les autres, avec son prochain, peut être pénible, désespérée, mais jamais impossible. La présence, le rôle des autres nous indiquent la voie à suivre.

Il y a en revanche un domaine d'activité, où l'on parle et même où l'on écrit pour les autres, qui semble impliquer fatalement un détachement, un isolement et qui exclut réellement, au moins dans sa phase conclusive, toute collaboration et tout contact. C'est le travail de l'imagination intelligente, poésie, littérature romanesque, essais et tout le reste, qui a pour but de sonder et d'exprimer la réalité. Pour accomplir ce travail, il est nécessaire de s'isoler, et pas seulement matériellement : l'effort d'auscultation que nous exerçons sur nous tend à rompre bien des ponts avec l'extérieur et à nous faire perdre le goût de l'échange, de la vie en commun, du rapport cordial avec l'humanité. Il tend en outre à nous opposer aux choses, à faire que nous les négligions, que nous les ignorions. On se proposait de comprendre, de posséder plus à fond la réalité, et le résultat c'est que l'on s'enferme dans un monde fictif qui renâcle devant la réalité. Alors naturellement on souffre.

Dans cet état de déséquilibre, de conscience inquiète, se produit le gaspillage. On reste ou l'on redevient adolescent. On se débat. On invente des théories, des justifications, des problèmes. On oublie — ou on ne l'a jamais su — que le devoir, le travail est autre, celui justement de sonder et d'exprimer la réalité au moyen de l'imagination intelligente. Interroger les choses et les écouter, interroger les autres et accepter le destin semble désormais trop simple et l'on en vient même à se créer des devoirs, faux et compliqués comme toutes les velléités. Le monde d'hier tolérait une figure équivoque d'intellectuel qui, tout en ne se reconnaissant aucun devoir, vivait en substance de théories, de justifications et de problèmes. Quand il se mettait à « créer », quand en somme il se plaçait devant la « réalité » et tentait de l'exprimer, il arrivait en général qu'il se trompait de réalité et qu'il rendait compte tout au plus de ses théories, justifications et problèmes. En fait, il ne se trompait pas : il n'admettait comme réalité que la sienne et, dans ce monde fictif d'un moi sans devoirs, il était honnête à sa façon. Parmi toutes les théories, il avait assimilé celle de la nécessité de l'isolement et du renoncement ascétique aux duretés de la vie active et de la réalité. Il se drapait dans l'étoffe de son style et toute sa dignité consistait à être cette étoffe, ce style, ce travestissement. Il était en somme fidèle à ses principes et payait de sa personne.

Aujourd'hui devient à la mode la théorie contraire, naturellement juste, suivant laquelle l'intellectuel, et particulièrement le narrateur, doit rompre son isolement, prendre part à la vie active, traiter de la réalité. Mais justement, c'est une théorie. C'est un devoir que nous nous imposons «par nécessité historique». Et personne ne fait l'amour par théorie ou par devoir. Le narrateur qui jadis, au lieu de raconter, s'égarait dans les méandres de son précieux moi, en perpétuelle révolte contre les vils devoirs de ce monde, de ses contenus, use maintenant ses nerfs et perd son temps à se demander si le contenu l'intéresse autant qu'il le devrait, si son style et ses goûts sont suffisamment prolétaires, si le problème ou les problèmes de son époque l'agitent autant qu'il est souhaitable. Et jusqu'ici il n'y a rien à dire. La tâche de vivre n'est une rigolade pour personne, et vivre cela veut dire être jeune puis adulte, cela veut dire aussi se débattre, s'imposer des devoirs, se dicter des attitudes. Les malheurs commencent quand cette obsession à fuir le moi devient elle-même le sujet du récit, quand le message que le narrateur doit communiquer aux autres, à son prochain, au camarade homme, se réduit à cette maigre auscultation de ses perplexités, de ses velléités. Arriver au cœur des choses par théorie ou par devoir, ce n'est pas possible. On se débat et l'on s'use, ça oui. S'accepter est difficile.

Pourtant le narrateur, le poète, l'ouvrier de l'imagination intelligente doivent avant tout accepter le destin, vivre en accord avec eux-mêmes. Que celui qui est incapable d'interroger les choses et les autres se résigne et l'admette. Le monde est grand et il y a de la place pour lui aussi. Ce qui ne va plus, c'est de se battre les flancs pour en tirer un rugissement qui au bout du compte ressemble à un miaulement. La nature équivoque de l'intellectuel d'hier ne change pas. Dans ce monde d'individus, rien ne change et les mots ne suffisent pas. Que celui qui est obsédé par le dilemme « suis-je ou non un écrivain social ? » au point que l'infinie variété des choses, des événements et des âmes devienne sous sa plume une auscultation de soi comme à l'époque la plus glorieuse du *frammentismo* [1], soit héroïque jusqu'au bout : qu'il s'impose le silence. C'est là son devoir et sa justification. Ou, s'il pousse la bonne foi jusqu'à se rendre compte que les nouveaux devoirs sont surtout faits d'humilité, qu'il s'humilie de façon désintéressée devant les autres, les camarades, les choses : il est possible qu'il soit dans ses moyens d'arriver à parler réellement pour eux et qu'il n'ait pas réussi jusqu'ici par manque de maturité ou par la faute de ses superstructures. Car l'art de s'accepter, de vivre en accord avec soi-même, a ceci de bon qu'il met en lumière jusqu'à la moindre étincelle de valeur que l'on a en soi.

Nous sommes tous convaincus que seuls le monde et la vie contiennent les occasions, les conditions de toute page vraie, écrite ou à écrire. De plus nous savons qu'il y a des époques, comme la nôtre, où se produisent un bouleversement, une vérification des valeurs, où la matière humaine et sociale fermente comme en un creuset, en attendant d'être coulée dans

1. *Frammentismo* : le *frammentismo* ou culte du fragment est une tendance littéraire propre au premier quart de ce siècle : dans la mesure où l'inspiration est instantanée, foudroyante, ce mouvement préconisait la réduction de l'œuvre littéraire, poème ou roman, à une succession de fragments brefs et intenses. *(N.d.T.)*

des formes nouvelles. Mais nous ne sommes pas convaincus que ces formes naîtront de la présomption orgueilleuse de ceux qui prennent comme sujet de l'écriture le malaise de ne pas les avoir encore trouvées. C'est là un romantisme d'adolescent. Plus que jamais vaut à ce propos le dicton « on ne prête qu'aux riches » ou cet autre « on ne trouve que ce que l'on ne cherche pas ». Celui qui cherche le bonheur ne sera jamais heureux ; celui qui veut créer l'art de son temps « par nécessité historique » produira tout au plus un art poétique, un manifeste. Ou l'on a ces choses en soi et elles naîtront et il ne sert à rien de les discuter, ou ce ne sont que des bavardages. S'écouter et s'accepter, cela ne veut pas dire se perdre en bavardages mais exercer son métier en sachant que c'est un métier, en s'humiliant en lui, en produisant des valeurs. Le cordonnier fabrique des chaussures et le maçon des maisons : moins ils parlent de leur façon de les faire et mieux ils travaillent ; est-il possible que le narrateur doive au contraire ne bavarder impunément que de lui-même ?

Publié dans Rinascita *en mai-juin 1946. Le manuscrit comporte, indiquée au cachet, la date du 26 janvier 1946.*

L'INFLUENCE DES ÉVÉNEMENTS

Les événements de ces dernières années ont eu au moins une influence sur mon travail : jamais par le passé je n'aurais répondu à une enquête sur mes résultats et mes intentions d'écrivain. Je n'aurais pas répondu, avant tout parce que j'avais mieux à faire : me prouver à moi-même que j'étais un écrivain, ce qui ne se prouve pas avec des bavardages ; ensuite parce que je n'avais pas la moindre intention de fournir des explications à la « république littéraire » de l'époque, car ce n'était pas une république et elle n'était pas littéraire. Tous les contacts avec l'extérieur étaient rompus : mes quelques amis n'avaient pas besoin de m'interroger dans les journaux, ceux qui n'étaient pas mes amis s'étaient donné un visage ambigu qui ne me plaisait pas et qui évoquait à la fois le sbire, le parvenu ou le survivant. Comme toujours, l'excès d'ordre et de hiérarchie produisait l'anarchie et, dans le domaine public, je l'avoue, j'étais anarchique, luciférien, autosuffisant. Si au contraire je réponds aujourd'hui, c'est parce que je crois que d'autres gens fourrent leur nez dans les journaux (je ne parle pas seulement de ceux qui les fabriquent), des gens qui peuvent me demander des comptes et à qui il me plaît de rendre compte. Pour tout dire en un mot, des hommes libres qui sont aussi mes égaux.

Je ne sais pas si l'influence de l'époque ira beaucoup plus loin. Je ne crois pas en tout cas que les nouveautés, dans ce qu'elles ont de matériellement concret, produiront en moi ce que l'on appelle un renouvellement du contenu. Je ne crois pas que je peindrai de larges fresques sociales. Je n'évoquerai pas la vie clandestine pas plus que les années de prison de qui que ce soit. Je n'écrirai pas de poésie parénétique. Le modeste récit sur la réclusion et le *confino* qui me revient, je l'ai écrit en 1937 et j'en ai fait une histoire de villages et de sexe, sans politique ni haute stratégie, et je le garde dans un tiroir[1]. C'est du passé. Il se trouve même que, ces derniers temps, les séquences apparemment documentaires de quelque ancien livre — disons par exemple *Paesi tuoi (Par chez nous)* — macèrent et se décantent en moi de manière presque inconsciente et que les vignobles, domaine pavésien de rivalités et de brutalités tant sexuelles qu'économiques, sont devenus pour un moment le merveilleux décor de souvenirs d'enfance. Au jour d'aujourd'hui, je navigue carrément dans un monde néoclassique de

1. Pavese fait allusion à *Il carcere (La prison)* qu'il publiera plus tard dans le volume *Prima che il gallo canti (Avant que le coq chante)*, Einaudi, Turin 1948. *(N.d.E.)*

Le *confino* (confinement) était une mesure de police par laquelle on obligeait un individu à demeurer pendant une période déterminée dans une commune différente de celle où il résidait. Le fascisme se débarrassa ainsi d'un certain nombre d'opposants; cette mesure fut appliquée pendant quelques mois à Pavese entre 1935 et 1936. *(N.d.T.)*

mythes préhomériques. Que puis-je y faire? Il n'est pas dit que la dolente matière humaine de la pauvre Italie et de la pauvre Europe ne puisse être traitée qu'avec le ressort du réalisme dialectal ou d'un réalisme de circonstance. Car c'est bien là que l'on veut arriver, au bout du compte, quand on demande avec insistance si les événements de ces dernières années «ont eu une influence». Certains vont jusqu'à ajouter que ce but a désormais le poids d'un devoir envers le nouveau public des lecteurs : créer une littérature parlée, objective et réaliste, afin que les millions de lecteurs puissent y accéder. En suivant l'exemple des Soviétiques qui ont inventé le «réalisme socialiste».

Je laisse de côté le réalisme socialiste que j'attends de juger sur les textes et qui, de toute façon, concerne pour l'instant les écrivains de là-bas. Quant à moi, je n'éprouve qu'un seul devoir littéraire envers ces nouveaux lecteurs, qui sont d'ailleurs tous les hommes : leur enseigner à lire et, afin que la lecture ne soit pas du temps perdu, leur donner à lire ce que l'on sait écrire de mieux, de plus riche, de plus juste. Après tout, je suis moi aussi l'un d'entre eux, mais je tiens la plume du côté du manche, autrement dit mon métier est «d'avoir de l'influence» sur eux. Quant à l'influence qu'ils ont exercée sur moi, ces camarades hommes, jouons franc jeu. À une époque où la prose italienne était un «colloque exténué avec elle-même» et la poésie «un silence douloureux[1]», je conversais

1. C'est ainsi qu'un célèbre critique italien avait jugé, dans la revue *Aretusa*, la prose d'art et l'hermétisme, deux courants littéraires de la période fasciste. *(N.d.T.)*

en prose et en vers avec des paysans, des ouvriers, des dragueurs, des prostituées, des prisonniers, des ouvrières et de jeunes travailleurs. Il ne me viendrait pas à l'esprit de m'en vanter. Ces gens me plaisaient et ils continuent à me plaire. Ils étaient comme moi. On ne se vante pas d'aimer une femme plutôt qu'une autre. On se vante tout au plus de la traiter avec honnêteté et loyauté. C'est ce que j'ai voulu faire.

L'ai-je fait? On a dit que j'imitais les romanciers américains, Caldwell, Steinbeck, Faulkner, en sous-entendant que je trahissais la société italienne. Chacun savait que j'avais traduit un certain nombre de ces livres. J'en avais également traduit, à vrai dire, d'un autre genre, et un critique a même déploré un jour qu'au lieu de me laisser influencer par Joyce ou Stein, j'aie subi le fruste magistère des premiers. Autrement dit j'ai fait un choix. Autrement dit j'ai éprouvé de la sympathie. Autrement dit il y avait quelque chose en moi qui me poussait à rechercher les Américains, et qui n'était pas simplement une acceptation passive (soit dit en passant, l'Américain qui a vraiment pesé sur mes épaules avec son « tempo », son rythme narratif, personne n'a su le nommer à l'époque de *Paesi tuoi* : Cain).

En fait, cette décennie 1930-1940, qui restera dans l'histoire de notre culture comme celle des traductions, nous ne l'avons pas forgée par désœuvrement, ni Vittorini, ni Cecchi, ni d'autres. Elle a été un moment fatal et c'est justement dans son exotisme, dans son esprit de révolte apparents qu'il faut chercher le seul sang nouveau de notre récente culture poétique. L'Italie était devenue étrangère à elle-même, barbare, sclérosée, il fallait la secouer, la décongestionner, l'exposer à nouveau à tous les vents printaniers de l'Europe et du monde. Rien d'étonnant que cette œuvre de conquête de textes n'ait pu être menée à bien par des bureaucrates ou des manœuvres de la littérature, mais qu'elle ait exigé des enthousiasmes juvéniles et comporté des risques. Le point important, c'est que nous avons découvert l'Italie en cherchant les hommes et les paroles en Amérique, en Russie, en France, en Espagne. Et que cette affectueuse sympathie pour les étrangers n'ait constitué en aucune façon une trahison de notre soi-disant réalité sociale et nationale apparaît dans le fait que certains d'entre nous ont continué à se développer et sont même arrivés à des résultats insoupçonnés — authentiques et à nul autre pareils même pour la critique malveillante — sans aucune solution de continuité, sans avoir le sentiment d'avoir retourné leur veste. En ce qui me concerne du moins, je ne crois pas l'avoir retournée. Et personne ne peut soutenir sérieusement que *Feria d'agosto*, ou tout autre livre que j'écris aujourd'hui, soit « américanisant ». Pourtant il suffit que le lecteur mal intentionné relise le premier *Lavorare stanca (Travailler fatigue)* pour y trouver à l'état d'exigence, parfois même d'image, la substance de ce que j'écris aujourd'hui. Je n'ai pas de doutes sur la fondamentale et durable unité de ce que j'ai écrit et de ce que j'écrirai ; je ne parle pas d'une unité autobiographique ou de goût, car elle est sans intérêt, mais de celle des thèmes, des intérêts vitaux, je parle de l'entêtement monotone de celui qui a la certitude d'avoir atteint dès le premier jour le monde véritable, le monde éternel, et qui ne peut que tourner autour de ce gros monolithe, en détacher des morceaux, les travailler et les étudier sous tous les éclairages possibles. Autant dire que mon œuvre « la plus réussie », celle qui « peut à elle seule témoigner des caractéristiques de mon art » est encore aujourd'hui *Lavorare stanca (Travailler fatigue)*. Que représente *Paesi tuoi (Par chez nous)* si ce n'est une page amplifiée et longuement savourée de ce même livre ? Et *Feria d'agosto*, si ce n'est le même livre vu sous un angle différent et déjà exploité ? *La spiaggia (La plage)* au contraire, un petit roman ni brutal, ni prolétaire, ni américain, n'est pas un éclat du monolithe : Dieu merci, peu de gens l'ont lu. Il représente un moment de distraction, même humaine, et en somme, si cela en valait la peine, j'en aurais honte. C'est ce que l'on peut appeler une vraie recherche de style.

Inédit, daté du 5 février 1946. Le titre original est : Les raisons de Pavese. *C'est la réponse à une enquête de la revue* Aretusa. *Les questions étaient les suivantes :*

« a. Les événements des dernières années ont-ils eu une influence sur votre travail ?

« b. Quelle est l'œuvre que vous estimez la plus réussie et qui peut à elle seule témoigner des caractéristiques de votre art ? »

DIALOGUES AVEC LE CAMARADE

I

Le camarade

J'ai rencontré le camarade ouvrier que j'ai connu il y a un an quand j'écrivais que nous autres intellectuels sommes peuple comme lui. « On ne va pas vers le peuple, disais-je alors, on est peuple. Ce sont les maîtres et les réactionnaires qui vont vers le peuple.

— D'accord, m'a dit le camarade, un peu maigre et exténué mais aussi décidé qu'avant, où sont les livres dont tu parlais l'année dernière ? Tu les as écrits ? Tes collègues les ont écrits ?

— Pas encore, lui ai-je dit. Nous ne les avons pas écrits. Mais nous avons discuté sur la façon de les écrire.

— Ah, me dit le camarade, et vous vous êtes mis d'accord ?

— Ce n'est pas facile, dis-je. Entre nous on discute surtout pour s'entraîner. Chacun de nous a déjà pris sa décision quand il parle et il écoute l'autre pour se convaincre qu'il est bête et pour affermir ses propres convictions.

— Et vous n'avez rien fait d'autre ?

— Non, la vie de tous les jours. Parmi nous, certains écrivent dans les journaux, d'autres enseignent, d'autres vont au bureau, d'autres à l'usine. Écrire un livre, un vrai livre, n'est pas un travail quotidien. Même ceux qui croient connaître le métier sont de pauvres types. On y pense sans arrêt, le jour et la nuit, ça oui. Mais écrire un livre, c'est comme attraper une maladie, comme se trouver une fille : ce sont des choses qui t'arrivent par hasard.

— On dirait que vous n'êtes jamais sérieux, vous. Je te crois volontiers parce que tu es un camarade. Mais d'après ce que tu disais l'an dernier, je pensais que vous vous souviendriez aussi de nous, des gens comme moi qui n'ont jamais eu le temps ni les moyens de vous suivre. Tu disais que les livres sont faits pour tout le monde et non pour tel ou tel, que vous les écrivez et que c'est à nous de les lire, qu'il en a toujours été ainsi et que, de notre part, il faut de la bonne volonté. Eh bien, camarade, nous sommes ici pour te suivre. Nous savons que cet effort est nécessaire et nous le ferons. Mais où sont ces livres ?

— On a beaucoup discuté. On a discuté de la manière de les écrire. Il ne restait plus assez de temps pour les faire.

— Mais certains d'entre vous en ont déjà écrits dans le passé. Qu'est-ce qui vous manque maintenant ?

— On se demande s'il faut les faire exprès pour vous...

— Mais puisque tu as dit que les livres sont faits

pour tous ! » et le camarade ouvrier me regarde d'un air railleur.

« Essaie de comprendre, lui dis-je, depuis un an beaucoup d'entre nous ont honte. Ils ont compris que le sang qui a coulé sur cette terre n'est pas une blague. En tant qu'hommes, ils s'aperçoivent que ce sang est toujours prêt à être versé et que, si usé par la fatigue et la faim soit-il, il a la même couleur dans tous les corps. Alors ils voudraient y réfléchir davantage et faire tout leur possible pour aider ceux qui sont affamés et fatigués, pour éponger ce sang qui coule. Ils ont honte de ne pas y avoir pensé avant, et ils voudraient se racheter.

— Qu'ils se rachètent. Est-ce la peine d'en discuter ?

— Tu vois, ce n'est pas facile. Chacun se demande avec quels mots il doit écrire ses livres. Faut-il écrire de façon que ce soit clair pour tous et que cela plaise même à un pauvre diable ou non ? Nous avons des combines comme dans la mode féminine. Tous les ans, quand la mode change, tu sais bien qu'il faut un certain temps pour s'y faire, pour comprendre pourquoi certaines couleurs vont mieux, pourquoi on ne porte pas de bas ou on met un chapeau. Ensuite on s'habitue, mais en attendant...

— J'ai toujours cru qu'un livre, c'était plus sérieux.

— Bien sûr. Mais en attendant, on discute. Nous discutons nous aussi, tu vois bien. Et je ne te parle pas du problème des sujets à traiter dans les livres ! Prenons un roman : doit-il raconter une vie comme celle que tu mènes ou comme celle que tu voudrais mener ? Décrire les idées qui te viennent à l'esprit le jour ou celles de la nuit ? Parler du sang ou parler du vin ? Le monde est grand. Et n'oublie pas que pour écrire quelque chose, il ne suffit pas de vouloir. Il faut tout avoir en soi depuis déjà un bon moment.

— Moi, je crois que chacun devrait parler de ce qu'il sait.

— Camarade, ce n'est pas facile de savoir ce que l'on sait. Et puis, quelquefois, ce que tu sais te fait rougir. On a également écrit des livres pour dire que l'on ne savait pas se décider, pour raconter sa honte devant le peuple qui attendait une parole, un avertissement, un conseil. "Rien, a-t-on écrit, regardez-moi. Je suis un misérable qui ne sait pas quoi vous dire."

— Qu'est-ce que c'est que cette histoire que vous ne savez pas de quels mots vous servir ?

— Cette question aussi, c'est une plaie. Il y a des expressions que peu de gens comprennent. En même temps, elles servent à dire des choses inhabituelles. Elles expriment une façon de vivre qui plaisait hier encore. On se pose la question : celui qui emploie ces expressions, ne prouve-t-il pas ainsi qu'il n'est pas avec le peuple, qu'il n'a pas de contact avec les masses, qu'il a en somme des sentiments réactionnaires ?

— À mon avis, tant pis pour lui et pour ce qu'il deviendra. Tu n'écrivais pas dans le temps que les écrivains qui n'ont pas de contact avec le peuple ont tout à perdre ?

— Je vais même plus loin, camarade. On n'*a* pas des contacts avec le peuple, on *est* peuple. Dans notre métier, il n'existe pas un instant où l'on peut décider que dorénavant on écrira d'une certaine manière, on parlera pour une classe ou pour des intérêts déterminés. On peut le faire mais alors on est des vendus, même si l'acheteur est la classe ouvrière. Dans notre métier, on ne *va* pas *vers* quelque chose : on *est* quelque chose. Peu importe si l'on emploie des expressions rares ou si l'on parle comme les paysans ; ce que tu es, tu l'as dans le sang, dans la vie que tu as menée, dans la manière dont trente ans de vie t'ont façonné. Celui qui éprouve maintenant, rien que maintenant, le devoir d'écrire pour tous, de parler comme tous, et qui avant, à une époque sinistre, ne l'éprouvait pas... Tu vois ce que je veux dire.

— C'est aussi mon avis. Alors dis-moi : comment un ouvrier comme moi pourra comprendre quelque chose aux livres et savoir si ce qu'il lit, on l'a vraiment écrit pour lui ?

— En lisant et en réfléchissant. En se trompant et en recommençant. Même pour nous qui les écrivons, il n'y a pas d'autre voie. Dans ce monde, personne n'a rien pour rien.

— Et ces livres, où ils sont ?

— Ils viendront, camarade, ils viendront. Pour faire un livre, il faut plus qu'un an ou deux. Il faut toute une vie. Pensons d'abord à être des hommes. Le reste suivra.

— Tu as dit que c'est comme la mode. Est-ce possible ?

— Je blaguais. Mais il y a aussi la mode. Des livres, on en écrit depuis pas moins de trois mille ans et, si tu feuillettes les plus fameux et les plus discutés, tu auras l'impression de faire un voyage dans les pays les plus étranges. Il y a une mode pour les paroles, pour les sentiments, pour les larmes, pour les rires, pour la mort, pour tout. Il faut avoir la patience d'apprendre ces modes, comme on apprend les langues étrangères. Et alors, peu à peu, il t'arrivera de rencontrer partout l'homme et le camarade, de même qu'on réussit à discuter avec un Chinois ou un Turc. De toute façon, il faut être patient. Plus tu fréquentes un ami, plus tu apprends à le connaître. C'est la même chose pour les livres. Et n'est-ce pas beau d'arriver à connaître un homme qui pendant trente ans, pendant toute sa vie, a essayé de parler avec toi ?

— Bon, d'accord. Attendons. Vous finirez bien de discuter un jour.

— N'y compte pas. Veux-tu plutôt que je te dise un secret ?

— Vas-y.

— Nous discutons et quelqu'un d'autre écrit les livres. »

Nous nous sommes quittés en riant, contents de nous.

Publié dans L'Unità *de Turin, 1er mai 1946.*

II

Les paroles

« Avec les camarades on a parlé de toi et de ce que tu écris, m'a dit Masino l'autre jour dans la rue. Quand tu nous expliques ce qu'est un livre et comment le lire, tu mets tout de suite au premier plan les paroles. À t'entendre, dans un livre il n'y a que des mots. Est-ce possible?

— Réfléchis une minute.»

Masino a ceci de bien qu'il comprend au simple coup d'œil. Il m'a regardé et il a dit : «D'accord. Mais les mots veulent dire quelque chose.

— Et comment! Et c'est justement pour cela qu'il faut faire attention à ceux que l'on choisit. Suivant qu'un écrivain emploie certains mots ou d'autres, tu comprends qui il est. Prenons les camarades de la guerre d'Espagne : certains les appelaient rouges, d'autres loyalistes, d'autres communistes et subversifs, d'autres patriotes. Chacun de ces mots te faisait comprendre avec qui tu parlais et il finissait par signifier des choses différentes. Dans les mots que tu utilises, il y a ta classe et ton travail, ce que tu sais, ce que tu manges, les gens que tu fréquentes. Il y a tout dans les mots.

— Mais dans un livre, il y a aussi une histoire, des personnages. Nous, on se disait que tu devrais nous parler de ça. Lorsqu'un ouvrier comme moi lit un livre, il a du mal à donner son opinion. Les mots, je les comprends. Mais il se passe des choses dans les livres qui ne me convainquent pas toujours.

— Crois-moi, si les choses ne vont pas, les paroles ne vont pas non plus.

— Mais il y a des livres qui ont l'air bien écrits et puis, quand tu grattes, tu t'aperçois que l'auteur est d'accord avec ceux qui assassinent le peuple. C'est pas qu'il ait le courage de le dire, mais il t'invente une histoire où tout le monde se fiche de toi. Il te présente un milieu où l'on ne sait pas d'où viennent les repas qu'ils mangent et ce qu'ils consomment. Jamais on ne précise que, sans la classe ouvrière, ces gens n'auraient même pas de salle de bains. Jamais on ne te dit qu'ils ne sont pas le bout du monde.

— Tu vois que tu comprends toi aussi ? Crois-moi, ce qui manque dans ces livres, les gens comme nous s'en aperçoivent au premier coup d'œil. C'est comme avec son prochain : tu bavardes un peu et tu comprends si quelqu'un est de ton côté. Il peut être très sérieux ou aimer rigoler, mais quand il t'explique comment il imagine le monde, tu vois tout de suite s'il est du peuple. Et un livre c'est toujours la description de comment on imagine le monde. »

Cette idée a frappé Masino qui n'y avait pas encore pensé. J'ai vu qu'il m'adressait un clin d'œil, comme lorsqu'on partage un plaisir.

« Mais tu ne dois pas croire qu'il suffit d'écrire sur le peuple et sur sa façon de vivre, ai-je dit à Masino. Pour beaucoup, ce n'est qu'une spéculation. Désormais chacun croit savoir qui est le peuple et, avec tous les livres que l'on a écrits sur lui, il n'est pas difficile de les imiter et de parler comme eux. Mais c'est ici qu'entrent en jeu les paroles. Alors que n'importe qui peut copier l'intrigue et les personnages d'un roman, et même en rajouter, il y a un ton des paroles et du discours qui te révèle pour ce que tu es. Tu peux raconter les histoires drôles de tout le monde comme si tu les avais inventées, mais la voix, c'est toujours la tienne. Et la voix de celui qui écrit, c'est le style, les mots qu'il choisit.

— Mais à la voix tu comprends si quelqu'un est sincère ?

— C'est là que je t'attends, Masino. C'est là qu'il faut de l'expérience et des études. Beaucoup croient que parce que tout le monde sait parler, bien ou mal, tout le monde peut donner un jugement sur ce qui est écrit. Mais il y a des livres dont tu ne peux même pas dire ce qu'ils valent, si tu ne sais pas les lire, si tu ne connais pas les paroles.

— Ce sont des livres pour nous ?

— Ce sont des livres pour qui veut les lire. Tu saurais me dire, toi, pour qui est fait un livre ? Méfie-toi des livres qui sont faits pour un tel ou un tel. Même un livre qui est écrit en chinois a été fait pour toi. Il s'agit toujours d'apprendre les paroles d'un autre homme. Tous les livres qui valent quelque chose sont écrits en chinois, et on ne sait pas toujours les traduire. Vient toujours un moment où tu es seul devant la page, comme était seul l'écrivain qui l'a écrite. Si tu as de la patience, si tu ne prétends pas que l'auteur te traite comme un enfant ou un demeuré, tu vas rencontrer un autre homme et te sentir plus homme toi aussi. Mais c'est dur, Masino, cela demande de la bonne volonté. Et beaucoup de patience. »

Maintenant il m'écoutait la tête basse et l'air contrit.

« Ne crois pas à ceux qui disent que les paroles ne comptent pas. Même l'intrigue et les personnages sont des paroles. Quelquefois dans un livre, les personnages, ce sont les arbres, les maisons, les montagnes ! Et qu'est-ce que ça veut dire ? Cela veut dire que ce qui compte, c'est ce que ces personnages sont devenus dans le récit, ce qu'ils ont en commun, autrement dit la parole. Un arbre ou une femme dans un livre ne sont ni bois ni chair, ils sont les mots qui les présentent. »

Masino m'écoutait et soudain il me dit : « Mais derrière un livre il y a une réalité. Il y a une lutte des classes. Il y a des idéologies.

— Comment le nier, Masino ! Mais tout devient parole dans un livre. Et je t'explique que tu dois les apprendre, c'est tout. Ce qui vaut, c'est la justesse, la finesse, la profondeur de ces paroles. Il faut les aimer pour les comprendre. Et c'est la raison pour laquelle un monde réactionnaire se trahit aussitôt par les mots qu'il emploie : tu ne sais pas pourquoi mais tu sens qu'ils sont obtus, faux, usés. Alors que celui qui parle à l'homme avec une foi historique trouve une voix fraîche et nouvelle. C'est inévitable. »

Masino n'est jamais content. Au bout d'un moment, il ajoute : « Comment se fait-il alors que vous autres, qui comprenez ces choses, disiez aussi du bien des vieux livres qui ont déjà rempli leur mission ? »

Il parlait pour me faire parler, c'est évident. Mais c'est notre façon de nous amuser.

« Les paroles, lui dis-je, justement les paroles. Peu importe qu'une tâche historique ait été menée à son terme. La foi dans l'homme qui est devenue parole n'attend qu'un lecteur pour revivre. Elle a ceci de beau que, malgré la disparition de la réalité qui les a produites, les paroles rendent encore maintenant, à elles seules, tout le sens et la fraîcheur qu'elles contiennent. Le plus ancien des livres — *L'Iliade* — peut se lire comme un roman. Certes il est difficile d'y arriver.

— Et il n'y a pas de différence entre ce livre et ceux d'aujourd'hui ? demande Masino en s'arrêtant. Entre ceux que l'on étudie à l'école et les romans de Steinbeck ?

— Aucune pour ceux qui connaissent les paroles.

— Elle est bien bonne, me dit Masino. Je ne l'aurais jamais cru.

— Oui, mais Steinbeck vaut moins », dis-je.

Publié dans L'Unità *de Turin, le 8 mai 1946.*

III

Pieretto

Nous étions plusieurs au café, et il y avait aussi Masino. On a parlé de Pieretto que sa copine était venue chercher et qui était absent depuis une heure.

« Demain il nous racontera ce qu'il a fait et ce qu'il a dit, grommela Masino pendant que nous rigolions. Ça l'amuse plus de raconter ses aventures que de les vivre.

— Comme les écrivains, dis-je. Tu voulais savoir, Masino, comment on écrit un roman. Comme ça. On disparaît et on va se promener. Mine de rien. Puis on revient et on raconte quelque chose. Pas ce qui s'est passé. Quelque chose en plus et quelque chose en moins. C'est ainsi qu'on écrit des romans.

— Si je comprends bien, Pieretto est un grand homme, dit l'un d'entre nous, de but en blanc. S'il t'entendait, plus personne ne l'arrêterait. »

Je n'ai rien dit quand Masino l'a foudroyé du regard.

Puis j'ai ajouté que tout le monde n'est pas capable d'écrire un livre, même s'il le souhaite, mais que la première condition est de savoir l'inventer, comme Pieretto lorsqu'il invente ses histoires. J'ai expliqué qu'un livre, c'est fait entièrement de ce que l'auteur voudrait être et n'est pas, de ce qui l'amuse, de ce à quoi il pense la nuit. « Pieretto s'amuse aussi quand il raconte que Marí lui a donné un chien. Puis il invente qu'il a été Dieu sait où avec elle, qu'ils ont fait la noce, qu'il a cassé la figure d'un type qui voulait la lui prendre. Quelle différence il y a-t-il avec un roman ?

— Mais un roman, dit Masino, doit simplement t'amuser ou être bien écrit ? Te raconter les bobards de Pieretto ou la vie que mène le peuple ?

— Qui est le peuple, Masino ? Le peuple, c'est moi, c'est toi, c'est Pieretto. Si ce qu'il raconte est trop gros, tu peux lui dire d'arrêter et tu parles d'autre chose. Ça ne t'amuse plus. Mais quand il raconte les combines de Marí et qu'il se vante de l'avoir emmenée dans les prés, tu peux être sûr qu'il sait ce qu'il dit. C'est son plaisir. C'est cela bien écrire. Raconter quelque chose que tu voudrais et que tu n'as pas. Ce que tu as déjà, tu ne le racontes pas. Tu te le gardes. »

Masino s'est mis à crier.

« Tu es fou, dit-il. Tu m'as toujours expliqué que l'on parle seulement de ce qui existe. Le peuple existe, la conscience de classe existe. De quoi d'autre veux-tu parler ?

— Masino, Masino, où elle est ta conscience de classe ?

— Peu de gens l'ont, dit quelqu'un.

— Ceux qui l'ont doivent l'éveiller chez les autres.

— Et alors, dis-je, tu vois bien que ce qui existe n'est pas là. Et si l'on doit, comme de juste, en parler, tu comprends que ce qui est beau ici aussi, c'est de l'imaginer. Quand tout le monde l'aura, on parlera d'autre chose. La conscience de classe, c'est l'exigence, le manque de quelque chose que l'on essaye d'avoir en travaillant et en en parlant. Toi aussi, tu ne l'as pas du matin au soir. Ce qui est difficile, c'est qu'il faut l'avoir et ne pas l'avoir pour savoir en parler.

— Comment?

— Prenons la liberté. L'homme qui vit libre ne sait plus ce que c'est. Il vit libre, un point c'est tout. Mais pour être passionné de liberté, pour savoir en parler, il faut qu'on te l'ait enlevée et que tu la désires. Comme ça tu l'as, elle existe en toi, mais en attendant elle te manque et tu travailles pour elle.

— Si je comprends bien, il faut remercier ces porcs.

— Remercie le jeûne qui te donne de l'appétit. Mais on parlait d'écrire : ne crois pas qu'il faut rester exprès à jeun pour avoir un style plus relevé. Pense un peu à Pieretto : qu'est-ce qu'il ne donnerait pas pour aller vraiment dans les prés et faire tout ce qu'il raconte. C'est la même chose pour les sujets des livres : s'il est un homme véritable, l'écrivain doit vouloir à tout prix que la vie soit plus belle, plus heureuse, plus juste. Il doit faire tout ce qui est en son pouvoir pour ne pas se contenter de l'exigence, mais pour travailler avec les autres et prendre part à la lutte. Seuls ceux qui en sont privés apprécient la liberté, mais cela ne veut pas dire que l'on ne doit pas tout faire pour la conquérir. Et l'on va de conquête en conquête. Mais, crois-moi, un beau livre est toujours plein d'envies rentrées, d'efforts, de déceptions, de choses qui te manquent. On ne prend plaisir qu'à imaginer ce que l'on n'a pas. Et seul celui qui a écrit avec plaisir écrit bien et te donne du plaisir.»

On est restés silencieux et on a bu un verre.

«Si Pieretto le savait, dit Milio, que tu lui accordes tant d'importance et qu'un camarade comme toi le prend pour exemple.

— On ne peut pas dire qu'il parle de conscience de classe», dit un autre.

Masino se taisait. Je savais ce qu'il pensait.

«C'est pour ça, dis-je, que pour écrire il faut bien se connaître et chercher ses idées au fond de soi. Il faut se recueillir et laisser ce que nous sommes remonter à la surface, nos goûts, nos envies, nos besoins. On ne peut pas parler du premier caprice venu. Si tu n'as pas de conscience de classe, s'il t'importe peu d'en avoir une, tu feras mieux de parler de ce qui t'importe. Nous avons tous quelque chose dans le sang, qui jaillit rien que d'y penser. Et ça vaut la peine d'écouter tout ce qui est sincère, tout ce qui est la voix d'un homme…»

Masino leva la tête. «Tu dois avoir raison, dit-il. Mais si, comme tu l'as dit, seuls ceux qui écrivent avec plaisir écrivent bien, comment se fait-il que des écrivains qui passent leur temps à se lamenter soient célèbres? Par exemple Leopardi, Giacomo, ou les tuberculeux, les malheureux. Il y en a plein. Pieretto aussi se lamente quelquefois.»

Certains riaient, puis tout le monde se mit à rire.

«Prenons la musique, dis-je. Car c'est la même chose de faire un beau livre ou de faire un opéra.

Prends la *Traviata* ou la *Bohème*. Ou tout simplement une chanson mélancolique. Eh bien, là, c'est le savoir-faire. Tu crois peut-être que le musicien était désespéré quand il travaillait. Même pas en rêve. Lui aussi, il avait et n'avait pas. On revient toujours au même point. Il se mettait dans la peau de quelqu'un de désespéré — sans femme, sans appétit, sans paix —, il désirait les choses, il les voulait, et ce qu'il trouvait était la satisfaction de le dire, de le dire bien, d'en donner l'envie à tout le monde. Si je lui avais demandé pendant qu'il composait : « Tu veux une femme, tu veux la paix, tu veux la santé ? », il m'aurait répondu : « Laisse-moi d'abord finir. Comme ça, c'est trop beau. »

— Moi, dit Milio, à vous entendre discuter, j'en perds l'envie de lire. Mais j'aime bien la *Traviata*. J'aime bien aussi la *Bohème*. Et je suis d'accord que ça a dû être un plaisir de l'écrire. Mais la lecture c'est différent. On lit pour comprendre les choses. Qu'est-ce qu'il a écrit ce Giacomo dont tu parlais ? »

À ce moment-là Pieretto entra en arrangeant sa cravate. Tout le monde se mit à crier. Je dis à Milio : « Demandons-le-lui. Tu vas voir, il nous dira bien quelque chose. »

Masino haussa les épaules. Pieretto riait déjà.

Publié dans L'Unità *de Turin, le 19 mai 1946.*

IV

«Paesi tuoi»
(«Par chez nous»)

Quand il a lu mon vieux livre — à cette époque il était dangereux de se voir mais en revanche nous étions plus jeunes —, Masino y a réfléchi un moment, évitant d'en parler en présence des camarades ; de temps à autre il riait tout seul.

«Nom d'un chien, dit-il, toi aussi tu y as mis de l'amour. Un homme et une femme qui se plaisent.

— Il ne fallait pas ?

— Je vais te dire. Quand tu sais que quelqu'un, même un ami, fait l'amour pour de vrai, est-ce que ça t'amuse ? Ça te met en colère, ça te fait envie, ça te rend mélancolique : on ne peut même pas y penser. Dans un roman au contraire, on ne voit que des couples, on les regarde, on les connaît, on les suit. Je te jure que j'ai honte de m'être amusé.

— Et que veux-tu trouver d'autre dans un roman ?

— Prenons le tien. Il n'y a pas que l'amour. Il y a un patron et des salariés. Il y a un cas de lutte des classes. En lisant, on comprend combien la campagne est arriérée et le travail exploité. Le crime de Talino lui aussi est la conséquence de ces conditions historiques. Mais l'amour, quel rapport ?

— Il y en a un. S'il n'y avait pas d'exploitation, Gisella ne tomberait pas amoureuse du mécanicien. Étant victimes tous les deux, ils tombent amoureux et font face aux patrons. En effet Ernesto del Prato est lui aussi amoureux de Gisella. Pourquoi ? Mais parce que c'est un mécanicien, c'est aussi un salarié. »

Masino se rend compte quand je me moque de lui. Il sait que je le fais pour me faire comprendre et il ne se vexe pas.

« Mais alors cette histoire d'amour, qu'est-ce qu'elle veut dire, à quoi elle sert ? »

J'ai expliqué à Masino que toutes les façons de lire une histoire sont bonnes, elles ont leurs avantages. C'est pour cela qu'on écrit des histoires : chaque catégorie de lecteurs doit y trouver une sollicitation, un intérêt. On commence par les choses de tous les jours, manger, dormir, faire l'amour ; s'il n'y a pas cela, tout le reste est bavardage ; puis ces choses s'agencent de sorte que l'on comprenne pourquoi elles arrivent — et qui sait pourquoi les choses arrivent ? Il y a des tas de raisons, il doit être clair qu'elles sont arrivées mais chacun, l'ignorant comme le malin, doit y voir une explication, sa propre expérience, autrement c'est pas la peine.

« Oui, mais pourquoi toujours l'amour, répéta Masino. Qu'est-ce que ça peut me faire de lire qu'un autre s'est trouvé une fille ?

— C'est un gros problème, Masino. Tu dois savoir qu'une histoire est toujours faite de sympathie envers les gens. Celui qui la raconte — en général, pour son malheur, à cause des airs qu'il se donne, de sa prétention, c'est un type brouillé avec tout le monde — ne réussit pas à l'écrire si, pendant les quelques heures au moins où il travaille, quelque chose ne touche pas son cœur, ne le réchauffe pas, ne lui fait pas aimer les gens, les personnages, la journée qui passe. Et quel meilleur système pour se réchauffer, pour être plus gai, pour jouir des choses et des gens tels qu'ils sont, que de s'intéresser à une fille, fût-ce simplement en imagination ? Quand tu aimes une fille, tu as envie de lui écrire des lettres, et tout t'est agréable et te donne du plaisir, même le chien et la pluie ; pour la même raison, celui qui invente une histoire d'amour, à moins d'être un imbécile ou un pervers, se met en état d'aimer tous ses personnages, et il les comprend plus à fond, il s'amuse à les raconter. Certes il y a des livres sans histoires d'amour, et même très beaux, mais ce sont des livres d'une autre époque.

— On en reparlera, souffle Masino, mais toi aussi tu te donnes des airs. Est-il possible que celui qui écrit soit brouillé avec tout le monde. Comment fait-il ?

— Si je le savais, Masino. Mais j'en suis de plus en plus convaincu. Tu remarqueras : tout le monde veut voir un écrivain, tout le monde veut lui parler, tout le monde veut pouvoir dire demain "je sais comment tu es fait" et s'en prévaloir, mais personne ne lui fait crédit d'une journée de sympathie totale, d'homme à homme. On dirait qu'ils ont toujours peur d'avoir à faire à quelqu'un qui a été ou qui sera, non avec quelqu'un qui est dans le présent.

— Ils sentent peut-être l'intellectuel bourgeois qui parle au lieu d'agir.

— C'est possible. Mais je connais des tas d'intellectuels bourgeois et aucun n'est traité comme un homme qui exerce sans artifices le métier d'écrivain.

— Je vais te dire, reprit Masino, si tu t'entends avec les autres, les autres aussi s'entendent avec toi. Il faut croire que celui qui écrit est le premier à n'avoir confiance en personne. Comment veux-tu alors qu'on en ait en lui ? »

Je n'ai pas répondu. Nous sommes restés silencieux un instant.

« Qu'est-ce que tu disais ? demanda soudain Masino. Il y a des romans sans histoires d'amour ?

— Pas vraiment des romans, mais il y en a. Chaque fois que celui qui écrit est assez robuste pour s'intéresser aux autres et trouver beau le monde et avoir envie de le dire, sans le besoin de s'exciter comme un chien avec cette odeur, il en résulte une histoire étonnante. Mais peu réussissent. On y réussissait mieux dans le passé, dans des sociétés organisées de telle sorte que la question sexuelle n'était pas encore devenue une idéologie comme à présent. Ils avaient d'autres chiens à fouetter, ces gens-là.

— Et tu ne crois pas qu'une nouvelle société pourra recréer ces anciennes conditions ?

— C'est possible, sans doute.

— Mais alors j'avais raison de dire que les histoires d'amour ne sont pas essentielles et que vous, les écrivains, vous exagérez et qu'il y a des choses plus sérieuses ?

— Tu as toujours raison, Masino. Mais... tout dépend. »

Publié dans L'Unità *de Turin, le 11 juillet 1946.*

LA MARCHE DE L'HISTOIRE

Je fréquente quelquefois des collègues, des gens qui écrivent comme moi, qui ont été à l'école avec moi, et qui m'aiment bien. On se voit un moment et on parle avec passion. L'an dernier, ils me disaient tous : « On part à l'étranger. En Italie il n'y a plus rien à faire. » Je me disais que je finirais par rester seul et j'en souffrais. Puis aucun n'est parti et de temps à autre on se revoit.

L'un d'entre eux, un brave garçon, m'a expliqué pourquoi il voulait partir à l'étranger. « Ou en Amérique ou en Russie. Nous autres intellectuels, nous avons le devoir d'être toujours là où l'histoire est en marche. Il y a des pays que l'histoire oublie. Tous les fleuves ont des coudes, des angles morts. Aujourd'hui — comme hier —, naître en Italie, c'est comme perdre le train. On manque d'oxygène, d'opportunités, de choix. On ne voit personne, on n'est en contact avec rien. C'est une province. Les problèmes italiens sont de vieux problèmes bourgeois et romantiques déjà résolus à l'étranger. Dans le meilleur des cas, en restant en Italie, on ne peut que rapiécer son costume avec les vieux habits des autres. Il faut avoir du courage et renouveler sa garde-robe. Recommencer.

— Tu n'aimerais pas aller en Chine?

— Et comment. La Chine, c'est le monde de demain.

— Il y a trente ans, elle n'était rien. Une grosse province.

— Mais maintenant c'est complètement différent. Elle est rentrée dans le torrent de l'histoire. Deux mondes s'y affrontent. Prends l'Inde par exemple...

— Il me semble, lui dis-je, que si au lieu d'y rester et d'y travailler, les Chinois d'il y a trente ans étaient allés là où l'histoire est en marche et avaient jeté leurs habits rapiécés, la Chine serait restée le marais qu'elle était.

— Mais c'est différent, cria mon ami, c'est différent. La Chine a la masse humaine, des centaines de millions. Elle a des problèmes à l'échelle de la planète. C'est un terrain de confrontation entre Orient et Occident...

— Le terrain de confrontation est partout. Partout les gens sont des millions. Il suffit d'aller à la base, dans les caves de la société, et l'on trouve également en Italie des millions d'affamés, d'ignorants, à l'échelle de la planète, comme les Chinois. Tant que tu te déplaces uniquement à l'horizontale, fût-ce en Amérique, fût-ce en Russie, tu restes en dehors de l'histoire. Mais si tu entres en contact avec la couche la plus vraie, avec la masse imprégnée de sueur, ton regard peut s'étendre où il veut. Même les frontières politiques ne l'arrêtent pas. L'histoire est partout en marche. »

Mon ami m'a regardé avec agacement. « Tu ne peux pas nier, me dit-il, qu'il y a des pays plus intelligents que d'autres, où l'on respire un air plus vif et plus mobile, où le simple fait d'y être te fait comprendre ton époque de manière plus mordante ou, si tu veux, plus désespérée.

— Je ne comprends pas. À t'entendre, tu es assez désespéré de végéter en Italie. Que veux-tu de plus? Si le problème est de *sentir* davantage, de *comprendre* davantage, je note que tu comprends, la preuve c'est que tu sais où tu irais; quant à sentir, tu sens plutôt plus en restant ici.»

Je connaissais mon lascar et je savais ses habitudes. Ce sont d'ailleurs mes habitudes et celles de nous tous. Si je n'ai pas envisagé, moi aussi, d'aller à l'étranger, c'est parce que je suis plus paresseux que d'autres.

«Tu vois, ajoutai-je, s'il s'agit simplement de s'informer de ce qui se passe dans le monde, il suffit de lire ce que l'on écrit dans le monde. Tout au plus de faire un voyage. D'en faire beaucoup, si tu veux. Comme les Chinois ou les nihilistes. Mais ne fais pas cette gueule. Ne prends pas cet air, comme si c'était le déluge. Déranger l'histoire et se transplanter Dieu sait où, pour sentir et pour comprendre davantage, est un peu léger, c'est le moins qu'on puisse dire. C'est comme se vanter d'aimer son prochain parce qu'on adore le foot et qu'on jouit de la foule des grands matchs. Si le pays est arriéré, bourgeois et romantique, tant mieux : il y aura plus à faire. Ce qui compte dans l'histoire, c'est de faire.»

— Voilà, réplique mon ami, tu as dit le mot juste. Dans les pays que l'histoire abandonne, il n'y a rien à faire. On peut tout juste regarder et végéter.

— *Qui* regarde, *qui* végète? Celui qui n'est pas

capable de faire quelque chose à deux pas de chez lui, n'en est pas plus capable à New York. Tout ce que tu es, tu l'as en toi.

« Et je crois que tu veux te transplanter non pour faire davantage mais pour trouver la bouillie toute prête et te laisser aller plus confortablement au courant de l'histoire. Ce qui se passe aujourd'hui en Italie est suffisant pour les forces d'un homme.

— Mais enfin, il y a bien des pays qui sont à la pointe. Chaque siècle a les siens. Prends Florence et ensuite la France. C'était sans doute tout à fait autre chose de naître à Florence au XIVe siècle ou en Turquie.

— Dans quel sens ?

— C'était plus significatif, plus ouvert, plus savoureux. Quelqu'un d'intelligent rendait davantage. Dans tout ce que tu faisais, il y avait le pouls de l'histoire. Je sais qu'il n'y a pas de quoi s'en vanter...

— Tu vois que tu dis n'importe quoi ? Plus savoureux... Tu reviens au comprendre et au sentir de tout à l'heure. Ne me parle pas du pouls de l'histoire ; dis plutôt que tu aimes ce qui est achevé, qui s'impose aujourd'hui, accepté par le consentement de tous. Le pouls, tu ne sais pas ce que c'est.

— Et toi, tu le sais ?

— Je n'y pense pas. J'ai mieux à faire.

— Par exemple discuter...

— Par exemple discuter. Pas seulement avec toi. Avec des gens qui enferment en eux le monde et son histoire. Et qui l'enferment non parce qu'ils veulent la façonner mais parce qu'ils se contentent de vivre là où le sort les a placés et d'agir sur ce que le sort leur a donné. La révolution est une. Qu'est-ce que tu crois ? Que tu trouveras au bout du monde des gens qui n'ont pas les mêmes problèmes qu'ici ?

— Laissons tomber la politique, me dit-il en riant.

— Au fait, tu ne voulais pas aller en Russie ? » fis-je.

Alors il m'a traité de patriotard, et moi d'intellectuel dilettante. Peut-on être plus bêtes ? On ne s'est plus revus.

Publié dans L'Unità *de Turin, le 6 juin 1946.*

« GUÉRILLA DANS LES CASTELLI ROMANI »

Ce petit livre est une nouveauté. Jusqu'à présent en Italie, la guerre des partisans n'avait produit de convaincant que des photographies. Détachements en embuscade, figures juvéniles et barbues curieusement harnachées, cadavres, visages défigurés par la corde ou le plomb, incendies, paysages arides, frustes inscriptions sur les murs : l'incroyable réalité était devenue document et on ne pouvait la regarder sans un frisson. Les paroles, en revanche, par lesquelles on a essayé d'exprimer cette même réalité — autrement dit les récits, les poésies, les souvenirs —, ne disaient pas grand-chose. Ou elles se ramenaient elles aussi à du matériel documentaire — proclamations, rapports, laissez-passer, bulletins — mais il leur manquait alors l'immédiateté de la photographie ; ou elles voulaient être une interprétation, créer des personnages et des passions, de la littérature narrative, en somme de la poésie ; et alors, comme toujours, on se rendait compte qu'il ne suffit pas d'en avoir envie pour faire de l'art. Il ne suffit pas d'avoir payé de sa personne, d'avoir été courageux et même héroïque, d'être mort. Il y a des pages écrites par ceux qui sont tombés dans la guerre de libération que nous avons lues humblement, comme on lit une prière ou un testament, mais nous pensions à bien autre chose qu'à la poésie. Que dire en revanche des innombrables opuscules, récits, chansonniers, qui romancent l'histoire des partisans et remplacent le frisson que donne la sobriété de la photo par l'emphase, la faiblesse de la caractérisation, l'appel à la sainteté de la cause, le pittoresque facile, le langage banalement dialectal ? De toute cette littérature, quoi qu'il en soit, il est inutile de parler : les lecteurs en ont déjà fait justice. On est navré de penser que ces auteurs ont presque toujours été de vrais partisans et qu'ils ont payé de leur personne : il serait bon que le courage et la droiture soient à l'abri de toute espèce de vanité, particulièrement de celle-ci.

Dans ce domaine toutefois, le petit livre de Pino Levi Cavaglione constitue une nouveauté, un cas particulier. Il décrit, sous la forme d'un journal, les cinq mois de guérilla que l'auteur a passés dans les Castelli Romani[1], en organisant, en sabotant, en tendant des embuscades, en vivant et en tuant, et en échappant à la fin, par pure présence d'esprit, au piège dans lequel il était déjà tombé et enfermé. Pino Levi n'est pas un lettré, il n'a pas d'ambitions créatrices. On ne saurait dire qu'il est devenu partisan par hasard, comme c'est arrivé à beaucoup, car dès 1938 il se consacrait clandestinement à la politique, et, en septembre 1943, il se rendit de Gênes à Rome où il chercha des contacts avec le Parti communiste et se fit affecter à un groupe

1. Castelli Romani : région située au sud-est de Rome, sur les pentes des monts Albains. *(N.d.T.)*

des Castelli. Spécialiste de droit et de psychanalyse, il représente en somme le type normal de l'intellectuel italien. Pourtant, un instinct narratif très sûr lui a fait choisir la seule forme dans laquelle, si près des événements, il est possible de réévoquer sans erreurs de perspective ou sans bavures la terrible expérience de la guérilla : le journal, la notation quotidienne. Avec la même sûreté, il a exclu de son récit tout effort de justification historique, toute emphase dans la construction ou la symbolique, tout sondage en profondeur, qui auraient visé à faire du livre un petit *Guerre et Paix*. Pino Levi sous-entend l'énorme labeur d'un peuple, le heurt entre deux mondes dont cette période a constitué le point culminant, et il ramène à son expression élémentaire la rencontre entre l'Allemand et lui : « Toi, oui toi, sale porc, tu es venu pour tuer et voler et tu espérais rentrer chez toi avec ce que tu as volé. Porc, lâche » (p. 75). « Voilà les Allemands. Arrogants et barbarement cruels quand la fortune leur sourit ; vils et suppliants quand elle leur tourne le dos » (p. 106). De même réduit-il au plus élémentaire la vie intérieure du *je* protagoniste. Il ne prêche pas, il ne donne pas de leçons d'histoire et d'héroïsme, ni à lui ni aux autres : « Mes camarades sont joyeux. Je pense avec tristesse à cette femme que j'ai tuée et je marche en silence. Je ne leur ai rien dit. Il est inutile qu'ils sachent » (p. 105). Et les défoulements, les évasions qu'il s'accorde sont ceux d'un brave fils de famille ou d'un modeste étudiant : « Dans ta dernière étreinte, il y avait le sens caché d'un adieu, ô maman ! Pourquoi, pourquoi n'ai-je pas été capable d'en saisir le sens secret ? Pourquoi ne suis-je pas resté pour vous protéger?» (p. 99); «... sous la lune, Fabio et moi nous sommes laissé aller à d'agréables discussions philosophiques et poétiques. Fabio admire beaucoup Pascoli et D'Annunzio et de temps à autre il récitait des extraits de leurs poésies. La douce harmonie des vers donnait un aspect magique et suggestif à notre marche nocturne... Le crépitement des fusils-mitrailleurs n'a pas dissipé cette atmosphère...» (p. 107).

Dans cette façon de procéder, il y a une grande vertu. Peu d'écrivains auraient su se contenir de la sorte, adapter ainsi la cible à la portée de l'arme. Pino Levi arrive probablement sans aucun effort à cette pureté. On parle sans arrêt de rapprocher la littérature et la vie, on prêche avec force rhétorique les bienfaits que l'art doit retirer du contact avec les travailleurs et les hommes d'action — en sous-entendant qu'il devrait en résulter un art de tendance, de problématique sociale — alors qu'en réalité tout ce que les travailleurs et les hommes d'action peuvent nous enseigner sur la manière est déjà dans ce petit livre, dans la sincère et inconsciente modestie de ce petit livre. «Ne jamais faire le pas plus long que la jambe» : voici une authentique leçon de style.

Car ce livre est aussi un livre de style. Pino Levi a des sorties que l'on dirait naïves et qui en fait imprègnent le lecteur de ce sens de l'aventure, presque gai, irresponsable, de la vie des partisans. Parfois il utilise un langage légèrement «fabriqué» que l'on dirait intentionnel, n'était la terrible gravité de cette vie : «Marco et Ferruccio, les deux astres de la compagnie, en attendant de faire une hécatombe d'Allemands, en font une de cœurs féminins» (p. 85) ; «le sifflement de quelques projectiles près de mes oreilles me fit l'effet d'une bonne dose de bromure» (p. 83); «nous avons pris une vingtaine d'armes parmi lesquelles un fusil-mitrailleur de parachutiste que j'ai affecté à mon usage personnel» (p. 76). Il est difficile de définir cette écriture étrangement nonchalante; on pense à certains passages, à la fois drôles et indolents, des *Noterelle* de G. C. Abba [1], mais ce mémorialiste est tout entier pris par l'effort pour soulever la matière quotidienne vers un climat héroïque et consciemment légendaire, de sorte que l'atmosphère de la page est tout autre. Abba est lyrique, évocateur, monumental, quoique également capable d'une ironie débonnaire. Moins ambitieux, Pino Levi est plus narrateur, plus paisible et plus transparent, plus vrai.

Il y a des choses inoubliables dans ce livre. Le premier Allemand tué («Aussi immobile et silencieuse était l'obscurité de la campagne après le fracas de la motocyclette et le coup de feu. Puis un chien a commencé à aboyer», p. 30); le meurtre de l'Allemand inconnu dans la villa abandonnée («Sur le coussin il y avait quelques taches de sang...», p. 74); les rafales de balles traçantes et perforantes («le fil rouge rejoignit finalement l'ombre noire et en arrêta la course. L'ombre resta un instant immobile. Le fil rouge se perdait dans le noir de son corps, le rattachant à mon fusil mitrailleur qui remplissait la nuit de son fracas puissant et rythmé. Puis elle s'abattit brutalement...»,

1. G. C. Abba : Cet écrivain participa avec Garibaldi à l'expédition des Mille qu'il évoqua dans un journal d'impressions et de souvenirs. *(N.d.T.)*

p. 83) ; la vengeance du Russe contre l'Allemand blessé (« Il s'approche du blessé avec une étrange lenteur et décoche un terrible coup de pied sur ce visage hagard... C'est comme si j'avais reçu moi-même dans la figure ce soulier ferré... Le bruit régulier des coups sourds, opaques, remplit la haute stupeur de midi, mêlé à des gémissements et des cris étranglés... », p. 148) ; la miraculeuse fuite hors des mains du capitaine allemand (« ... Le verdier avait filé vers le soleil comme une flèche, avec un cri perçant et très long. Un hurlement de joie comme je n'en avais jamais entendu... Je pensai à ce cri tandis que je haletais... », p. 160). Ces passages — et ils sont nombreux — sont en grande partie soutenus par la force du style, par le choix instinctif d'un détail incisif, simple et presque naïf, mais qui ne relève jamais d'un pittoresque générique ou de quelque rouerie psychologique. L'écrivain se soucie de bien autre chose que de broder par l'imagination ou de suivre les méandres d'une conscience. Il lui suffit à chaque fois de rendre le frisson de soulagement ou de terreur que l'aventure lui arrache. En cela consiste l'heureux rythme de sa narration. Aucune velléité, aucune ambition ne brisent ce rythme, pas même les sursauts indignés ou émus de la conscience. L'écrivain se donne entièrement à l'immédiateté du souvenir et ses scènes ont réellement l'incroyable vérité d'un document photographique. Mais elles n'en ont pas la froideur un peu distante et artificielle. Tout au plus l'intimité confidentielle d'un instantané, son absence de poses. Une vie qui se donne entièrement aux faits, qui a été reçue comme un simple devoir contre lequel on peut éventuellement pester mais que somme toute on accomplit, ne pouvait s'exprimer par un autre langage. L'honnêteté et l'absence de toute rhétorique avec lesquelles elle a été vécue, vivifie la prose d'aventures qui la raconte. Dans cette synthèse d'intégrité humaine et de spontanéité stylistique réside la leçon la mieux venue de ce livre.

Compte rendu de l'ouvrage Guérilla dans les Castelli Romani *de* Pino Levi Cavaglione, *Einaudi, Rome 1945. Écrit le 18 janvier 1946 ; publié dans* La Nuova Europa, *le 10 février 1946.*

« LE SENTIER DES NIDS D'ARAIGNÉE »

À vingt-trois ans, Italo Calvino sait déjà que pour raconter il n'est pas nécessaire de « créer des personnages », mais de transformer des faits en paroles. Il le sait d'une façon presque joyeuse, désinvolte, espiègle. Les mots ne lui font pas peur mais ils ne lui tournent pas non plus la tête : tant qu'ils ont un sens, tant qu'ils servent à quelque chose, il les dit, il les égrène ou même il les jette, comme on jette des branches dans le feu, mais le but, c'est la flamme, la chaleur, le chaudron. Désormais il n'y a presque plus d'écrivains qui misent sur les grands personnages, comme on le faisait jadis. Le monde change. Celui qui en est resté à nos grands-pères est à plaindre ! Mais celui qui, après les grands personnages « qui faisaient concurrence à l'état civil », a jeté en même temps les faits, les choses de chair et de sang, et qui brûle l'encens des mots dans Dieu sait quelle chapelle privée, est encore plus à plaindre !

Calvino est venu à la narration en pleine guerre civile. Tels sont les faits, les choses dont il fait des mots. Si nous affirmons que ce *Sentier des nids d'araignée* (Einaudi, 1947), refusé au concours Mondadori et vainqueur de celui de Riccione, est le plus beau récit que nous ayons eu jusqu'à présent sur l'expérience des partisans, personne ne pourra s'en émouvoir. Il n'y en a pas eu d'autres. Disons donc que l'astuce de Calvino, écureuil de la plume, a été de grimper aux arbres, par jeu plus que par peur, et d'observer la vie des partisans comme une fable de la forêt, bruyante, bariolée, « différente ».

Un enfant des rues, en Ligurie, innocent et ordurier, déguenillé et narquois, frère d'une prostituée pour laquelle il racole les bonnes volontés de passage, est dressé contre les Allemands et vole le pistolet d'un marin qui est dans la chambre de sa sœur. Tout part de là. Pin, qui se moque complètement des grands, veut garder le pistolet et le cache au milieu des « nids d'araignée », un endroit qu'il connaît bien. Les Allemands l'interrogent, le mettent en prison — une grande villa dans un parc —, il s'échappe avec le partisan communiste Loup Rouge, il rencontre Cousin, le partisan solitaire, et ils se rendent ensemble au campement du détachement, dans les montagnes, où Pin fait la connaissance des types les plus étranges, tous tordus, tous fêlés — le détachement est fait exprès pour eux —, y compris un commandant, le Malin, un type indolent qui cherche celui qui le libérera ou le tuera. Il y a le vif et rusé Babeuf, il y a la femme du cuisinier trotskiste, il y a les quatre Calabrais. Le Malin flirte avec la femme du cuisinier, puis c'est la catastrophe, le fenil prend feu et ils doivent tous se disperser. Au commandement de la brigade on procède à l'enquête : le commandant Ferriera et le commissaire Kim. Entre-temps, il y a une opération de ratissage et tous filent combattre, seul le Malin ne veut rien savoir et il reste dans le matin désert, sous les yeux de Pin, à faire l'amour. Les partisans évacuent la zone, le Malin est convoqué sans armes au commandement pour rendre des comptes, Pin s'échappe de nouveau vers la plaine, vers ses nids d'araignée où Peau, un partisan traître, lui a entre-temps volé son pistolet de marin. Mais Pin le retrouve chez sa sœur à qui il fait une scène terrible et, pendant la nuit, il revoit le Cousin, ennemi juré des femmes, et tous deux s'en vont ensemble en bavardant sous le scintillement des vers luisants.

Il y a là une saveur digne de l'Arioste. Mais l'Arioste de notre époque s'appelle Stevenson, Kipling, Dickens, Nievo, et il se travestit volontiers en enfant. Cet abandon goulu et spontané au défilé des événements et des catastrophes, des spectacles et des visages connus qui feront la grimace ou souriront comme prévu, qui seront des masques assez fidèles à leur nature pour toujours remplir de stupeur, cette candeur directe et compliquée des poèmes, on ne peut les retrouver de nos jours que dans un cœur d'enfant. Peu importe si l'enfant de Calvino dit « putain » et sait ce que c'est, s'il beugle des chansons de lupanar et pourrait au besoin assassiner quelqu'un. Il n'a ni loi ni mère, c'est la guerre, les gens se tuent et tout ça n'est pas la faute de Pin. Calvino raconte des faits et ces faits ont des racines, une consistance, ce sont des grumeaux de chair et de sang ; si on les touche, fût-ce avec la chaleur des mots, le sang gicle, on découvre la plaie, on sent la puanteur d'un monde gangrené. D'autres en feront aussi la remarque mais ce n'est pas encore cela qui compte. Malgré les ruelles de Ligurie, malgré les senteurs de caniveau et de lie, la journée de Pin a une grande pureté : si farouche, ordurière, narquoise qu'elle paraisse, elle est toute fraîcheur, fierté de la découverte, de l'exploit, de l'honneur, exactement comme la journée d'un Astolfo ou d'un Jim Hawkins.

Ce que nous disions en commençant devrait maintenant s'éclairer. Quelle catastrophe si Calvino avait créé des personnages ! Un instinct sûr l'a poussé à ramener ses figures, non à des caricatures, terme péjoratif, mais à des masques, à des « rencontres », à des marionnettes. Tout le monde a des tics dans le *Sentier*. Chacun a un visage précis, comme autant de petits soldats découpés dans des cartons différents. Pas un geste qui ne soit vu avec netteté, avec des mots à la fois minutieux et charnus, exactement comme dans l'univers chevaleresque où le geste est tout en même temps qu'il se perd dans la masse des gestes. Quand on lit le *Sentier*, on a l'impression de regarder quelque flanc de colline dans le lointain, après une journée de vent : on distingue, précis et innombrables, les troncs d'arbre, les arbustes, les cubes nets des maisons. Il y a une perpétuelle odeur de grand air dans ces pages, de campagne, de paysage dégagé, de divine nature. Même les brigades noires, les terribles brigades noires sont ainsi décrites par Pin l'écureuil : « Noirs, osseux, les visages bleuâtres et des moustaches de rat. » A-t-on jamais mieux dit ?

Le chapitre IX, dans lequel Calvino met en scène les vrais « adultes », le commissaire et le commandant, chemine lui aussi sur cette arête. On y critique l'organisation, on interprète la guerre civile, on parle d'histoire et de rachat de l'homme. Mais la voix qui parle, celle du jeune Kim avec son Sten au bras, « une arme fluette qui ressemble à une béquille cassée », est encore la voix fabuleuse de celui qui rêve « comme il le faisait enfant », et qui se moque de lui-même en répétant « A, bé, cé », « débit de tabac, mon commissaire », ou « Kim... qui est Kim ? ».

On en revient toujours au même point. Transformer des faits en paroles ne veut pas dire céder à la rhétorique des faits, ni se laisser aller au bel canto. Cela veut dire mettre dans les paroles toute la vie que l'on respire en ce grand monde, la faire entrer de force, l'enfoncer. La page écrite ne doit pas être une réplique de la vie, elle serait dans ce cas plutôt inutile ; elle doit la valoir, ça oui. Elle doit être un fait parmi les faits, une créature au milieu des autres. Pour ce premier essai, il nous semble que Calvino y est amplement parvenu.

Compte rendu du roman Le sentier des nids d'araignée *d'*ITALO CALVINO, *Einaudi, Turin 1947. Écrit le 16 octobre 1947 ; publié dans* L'Unità *de Rome, le 26 octobre 1947. Une note sur le même livre, signée C.P., avait paru dans un « Bulletin d'informations culturelles » ronéotypé par la maison Einaudi (n° 9, 17 octobre 1947).*

LES HOMMES DE LETTRES ONT RAISON

Un préjugé très répandu dans le public des lecteurs confond le journaliste et l'écrivain, et prétend que le deuxième peut effectuer le travail du premier, se plonger dans les voyages, la chronique des événements, l'aventure, et y recueillir une moisson de faits, d'émotions vécues pour nourrir les pages de sa narration. On dit par exemple qu'après les tumultes, les atrocités, les espérances apocalyptiques et les effondrements de l'histoire récente il est presque honteux que nos narrateurs ne sachent pas renouveler leur bagage, leurs contenus, les « choses qu'ils ont à dire », et offrir finalement au monde des livres où le frisson salutaire de l'expérience enrichisse la page et la fable traditionnelle. Certains en parlent même comme d'un devoir. L'avertissement est sincère, plein de bonne foi. Il nous paraît néanmoins naïf.

Nous savons que nombre de nos adversaires applaudiront nos propos et que bien de nos amis hocheront la tête. Peu importe. Nous sommes convaincus que la chronique est une chose, le roman en est une autre. Et que si les soubresauts et les tremblements de terre de l'histoire doivent trouver un écho clair et immédiat dans les reportages des journalistes, ils ne peuvent habituellement que nuire à l'efficacité du travail littéraire qui voudrait à tout prix en tirer argument.

Laissons de côté toutes sortes d'exemples illustres, les exemples que l'on cite habituellement, l'épopée napoléonienne qui a attendu cinquante ans pour devenir livre et récit chez Tolstoï ; laissons cet exemple car il n'est pas exact que les nouvelles expériences de la vie et de l'histoire forgées sur les champs de bataille de l'Empire ne soient entrées dans la littérature qu'avec *Guerre et Paix.* Cette expérience s'est appelée romantisme, elle s'est appelée culte de la douleur universelle ou de l'action pour l'action, et non seulement elle ne s'est pas fait attendre pendant cinquante ans mais avec Stendhal, avec notre Leopardi, avec les grands Allemands et même avec Alfieri, elle a accompagné, parfois même devancé la grande révolution.

Car c'est ici que réside l'équivoque. Quand on invite les hommes de lettres à tenir compte des fracassantes nouveautés de la chronique quotidienne, on oublie que les événements de tous les jours ne tombent pas du ciel mais qu'ils sont le fruit d'un état antérieur des choses et des esprits, auquel les hommes de lettres ont également participé à leur façon. La leçon d'angoisse de la guerre, que nous avons tous vécue, martelait déjà nos consciences bien des années avant que les bombes ne commencent à tomber. Et ce n'est pas un hasard si le plus authentique poète de l'humanité déracinée par les persécutions et la terreur raciale, Franz Kafka, a écrit à une époque qui était encore celle de la Première Guerre mondiale.

L'homme de lettres de valeur — nous ne sommes

pas hostiles à ce vieux mot si discrédité — ne peut, dans son travail le plus consciencieux, que se fonder sur une armure d'habitudes mentales et de sensations directes qui coïncide avec la difficile gestation de son adolescence, avec ce que l'on appelle sa formation initiale. Sortir de cette armure, l'abolir, se jeter au milieu des événements avec la prétention naïve de renaître, de redevenir vierge, barbare, même Rimbaud n'en a pas été capable. Quand à vingt ans ce poète extrêmement précoce a connu le dégoût et l'impatience devant son monde habituel, qu'a-t-il fait? Il est parti en Afrique et a cessé d'écrire. C'est tout.

On ne peut pas non plus dire que la célèbre «littérature vécue» des Américains du Nord contredise notre observation. Dans les rares cas qui comptent réellement — Hemingway, Caldwell et, jusqu'à un certain point, Dos Passos et Steinbeck —, il ne s'agit aucunement d'un caprice soudain mais d'un art poétique déterminé par les conditions particulières d'un milieu, d'une formation initiale et d'une culture tournées vers la recherche et la jouissance de la dureté de la vie et des choses. Cette attitude ne peut s'improviser et l'on en retrouve les racines dans toute une tradition, disons même une rhétorique séculaires. Or, quelle que soit l'influence légitime de cette littérature et bien que, pour la dernière génération, le pouls littéraire du monde ait battu en Amérique — ce n'est pas rien —, il ne faut pas oublier que notre tradition et notre rhétorique sont différentes. On le voit d'ailleurs dans l'œuvre des meilleurs Européens qui, tout en subissant cette influence, l'ont filtrée à travers la sensibilité littéraire européenne. On n'improvise rien du tout, et certainement pas la richesse intérieure.

L'avertissement que l'on adresse trop souvent aux écrivains implique au contraire la prétention grossière qu'en racontant à corps perdu les villes sinistrées, les héroïsmes guerriers, la faim ou la prison, bref ce que l'on baptise l'actualité palpitante, notre littérature deviendrait plus riche, plus vraie ou, comme on dit, plus «humaine». Entendons-nous. Nous ne refusons à personne le droit de choisir les arguments qu'il veut, nous ne prétendons pas qu'il soit méritoire d'assister neutre et impassible à la tragédie quotidienne d'une guerre civile — personne d'ailleurs n'en est capable et les neutres, les soi-disant bien pensants, combattent eux aussi, et même énergiquement —, nous voulons simplement faire comprendre que la profondeur de l'humanité, l'authenticité de l'inspiration, la vérité de l'art, trouvent leurs racines non dans la masse ou l'énormité des événements endurés mais seulement dans l'esprit et le cœur, dans la limpidité du regard, dans l'obsédante monotonie du souvenir. Nous disons monotonie et nous insistons. Tout écrivain authentique est superbement monotone, dans la mesure où son œuvre est marquée par un moule toujours repris, par une loi formelle de l'imagination qui transforme les matériaux les plus divers en figures et en situations qui sont à peu près toujours identiques. Il n'en va pas de même pour le journaliste, pour le vrai journaliste, dont la page, l'article informent, énumèrent des faits, photographient la vie et en conservent toute la variété et les accidents. Certes il peut se faire qu'un écrivain nous raconte, par exemple, sa vie clandestine, sa guerre, sa faim, ou même ses grèves. Tout comme un autre nous parlera de ses bains de mer, de ses souvenirs d'enfance, de ses rites spirituels ou de ses amours. Du point de vue de la lutte politique, il est permis de dire au premier qu'il a raison, qu'il doit continuer, que ses documents nous servent en tant que tels. Mais seulement de ce point de vue. Et seulement si son imaginaire se meut avec sincérité dans ce monde en lutte. Autrement il est préférable, même du point de vue politique, de lui conseiller d'arrêter et de se contenter de faire le chroniqueur ou l'envoyé spécial, métiers peut-être plus utiles.

Il est illusoire de chercher dans le soutien direct des faits, dans l'école de la dure expérience, dans l'aventure vécue, le sérieux et la précision de l'imagination qui naissent seulement — quand ils naissent — de la lente fréquentation et maturation de la vie intérieure. Qu'il entre dans les devoirs de chacun d'enrichir par tous les moyens — le moindre n'est pas d'accepter et de respecter ses propres limites — cette vie intérieure c'est évident. Que chacun d'entre nous, même l'écrivain, soit enraciné dans une situation déterminée, dans une classe, dans un inéluctable conflit historique, c'est vrai. Mais il est aussi vrai que lorsqu'on prend la plume pour écrire sérieusement, tout a déjà eu lieu, on ferme les yeux et l'on écoute une voix qui est hors du temps.

Écrit le 24-25 janvier 1948; diffusé à la radio le 4 février 1948; publié dans Il sentiero dell'Arte, *Pesaro, 30 octobre 1948.*

L'HUMANISME N'EST PAS UNE SINÉCURE

Il est lassant de lire encore, par les temps qui courent, des jérémiades sur la culture humaniste en péril, sur l'effondrement de la tradition, sur l'exotisme et l'infantilisme qui menacent (on se demande depuis combien de temps !) nos valeurs occidentales durement conquises. Il y a des choses que jadis on laissait dire aux académiciens fascistes [1] qui étaient là pour ça et justifiaient ainsi leur médiocrité. Ces gens, pour lesquels la culture se ramenait, et se ramène encore, à l'impériale province italique, aux idées universelles, au panégyrique de toutes les romanités (« on ne va pas de l'avant sans une idée universelle »), faisaient leur travail en désignant au mépris public les déviations laïques d'une critique stérile et l'intérêt subversif pour les provinces exotiques de la barbarie et de l'irrationnel (surréalisme, psychologie des profondeurs, cubisme, Afrique Noire et autres choses diaboliques). Mais on a du mal à comprendre, c'est une façon de parler, que des gens intelligents, nourris de la sub-

1. Pavese fait allusion aux membres de l'*Accademia d'Italia* que le gouvernement fasciste nommait pour leurs « mérites ».

stantifique moelle de la culture européenne, découvrent eux aussi des crises effrayantes et des fractures, non là où elles menacent réellement de se produire, autrement dit dans l'entêtement à conserver des institutions et des valeurs dépassées, mais justement dans les centres d'intérêt qui depuis des siècles, toujours renouvelés, forment l'*humus* de cette culture. Il est sans doute vrai, il est même certainement vrai, comme le dit T. S. Eliot, qu'il n'y a pas de culture sans religion, que la disparition de la première entraîne celle de la seconde, mais alors nous invitons nos humanistes à nous faire savoir en termes clairs quelle a été d'après eux la religion occidentale, en les avertissant toutefois que le mot religion est trop important pour se réduire au culte d'un style, au respect d'une habitude, à l'idéologie d'un métier ou d'une classe.

Nous parlons naturellement d'art poétique, et nous n'avons aucun mal à déclarer que pour nous la religion qui sous-tend toutes les écoles, les recherches, les styles et les polémiques de l'Occident — depuis Homère jusqu'au dernier narrateur soviétique ou islandais — est le culte de la clarté, la réduction du mythico-monstrueux et de l'arbitraire au rationnel et au prévisible. Cela veut dire, prenons-y garde, que la tâche de notre culture n'est jamais épuisée ; pour celui qui vit suivant son véritable esprit ne vient jamais le jour où il lui est permis de s'abandonner sur l'oreiller défait de la réalité démythifiée. C'est ce renoncement qui serait la fin, la mort de notre culture. Il nous faut au contraire perpétuellement aller plus loin ; plonger nos mains et nos regards dans l'infini chaos mythique de l'amorphe et de l'inachevé, et le pétrir, le travailler, l'éclairer jusqu'à ce qu'on le possède dans sa véritable objectivité. Les héros exemplaires de la civilisation occidentale sont les demidieux chasseurs de monstres, les missionnaires jamais las d'investir de nouvelles terres païennes, les académiciens du ciment qui ont entrepris sans relâche. Peu importe que notre discours puisse laisser croire qu'à travers l'art, on va du mythe vers la science. Nous parlons de la façon de faire de la poésie, non de ce qu'elle est.

L'homme occidental a peu de choses en commun avec les poètes chinois qui ont réussi pendant deux mille ans à répéter le même style, ou avec les Bochimans qui vivent aujourd'hui comme au paléolithique supérieur. Les humanistes disent alors : « Eh bien. Ne vous occupez pas des Chinois et de l'art nègre, des dragons et des masques. Aucun d'entre nous, explorant sa tradition, ne retrouve ces choses dans son passé. Ces choses rendent barbare. Regardez, du reste, ce qui arrive aux Chinois et aux Bochimans qui trahissent leur culture pour devenir occidentaux. La décadence. La mort. On ne peut greffer des roses sur des sureaux. » Nous répondrons aux humanistes que si les Chinois et les Bochimans soucieux d'évoluer sont en péril, ce qui reste à démontrer, il y a un fait dont il faut tenir compte : aucun autre choix ne s'offre à ces peuples. S'ils refusaient d'adopter la technique européenne, ils disparaitraient encore plus vite et avec eux s'éteindrait de toute façon leur culture. Dans toutes les traditions il y a un moment où les barrières frontalières entrent en contact avec une tradition différente : *hic Rhodus, hic saltus*[1], et nier l'évidence ne sert à rien. Ce mensonge, les cultures magiques ou celles du mana, spécialisées dans la conservation du passé, pourront à la rigueur s'y risquer, non certes la nôtre dont la gloire a toujours été la conquête, le déboisement et la mise en culture de nouvelles provinces.

Nous voici au point essentiel. Nous avons effectivement d'autres idéaux que l'immobilité mandarinale ou le ritualisme tribal des peuples de nature ; il n'empêche qu'au cours de notre conquête et clarification du monde tout entier, ces réalités exotiques nous ont été révélées. De la même manière, dans le travail d'analyse et de définition des faits psychiques, il nous est arrivé de nous heurter à des phénomènes inexplicables sauf pour une théorie de l'inconscient. Il est possible, maintenant, que quelque Européen ramolli trouve du plaisir à s'égarer dans cet inconscient, à s'en droguer, à en remplir son horizon ; de même il se peut qu'un autre soit tenté de porter un masque congolais et d'invoquer les esprits des nuages ; mais tout ceci doit simplement nous stimuler à étudier plus à fond, à comprendre, c'est-à-dire à rendre plus européens, tant l'inconscient que les cultures du masque (comprendre signifie naturellement « entendre » au sens de Vico, autrement dit revivre et juger). Nous n'avons pas d'autre choix. Ignorer ces faits culturels ou, pire

1. Pavese cite de manière inexacte un dicton latin — *Hic Rhodus, hic salta* — inspiré d'une fable d'Ésope, *Le vantard* : Un saltimbanque s'étant vanté dans son pays d'avoir accompli des bonds énormes à Rhodes, quelqu'un lui répondit ironiquement : « Eh bien, saute donc, nous sommes ici à Rhodes. » Autrement dit, Rhodes est partout dès lors qu'il s'agit de montrer ce dont on est capable.

encore, en nier le caractère problématique, les exorciser au son des fifres de l'humanisme en les repoussant hors de notre territoire de chasse au milieu des malédictions de nos prêtres-sorciers, n'est pas une conduite digne des détenteurs de cet esprit occidental qui, ne l'oublions pas, s'est déjà trouvé une fois dans son histoire millénaire face à un Orient exotique : il a essayé d'en condamner l'idéologie, en tant que « haine du genre humain » puis tous deux se sont regardés l'un l'autre et se sont enfin reconnus.

Soyons francs. Si, comme certains le prophétisent, le traumatisme provoqué par cet intérêt de notre époque pour la psychologie des profondeurs et les cultures et institutions primitives produisait une « paralysie créatrice » de quelques générations, cela nous importerait peu, mais nous n'y croyons pas : le monde est grand et il y a bien d'autres problèmes sur le tapis qui se chargent de nous rappeler au souci de l'essentiel. Si néanmoins cela devait quand même arriver, cela voudrait dire que l'esprit, la créativité de l'Occident dorment du sommeil de l'aurore et que, fidèles à leur nature, ils accomplissent un obscur travail métabolique qui est destiné à leur donner de nouveaux tissus et une nouvelle santé.

Écrit le 20 février 1949, publié dans La Rassegna d'Italia, *le 5 mai 1949 (titres précédents effacés :* Fifres humanistes ; L'humanisme n'est pas une vie de tout repos*).*

CULTURE DÉMOCRATIQUE ET CULTURE AMÉRICAINE

Nous sommes tous d'accord que la revue *Sélection* offre un bel exemple de comment *ne* doit *pas* s'effectuer la diffusion de la culture. Ce prétentieux petit volume, luisant et bariolé comme un emballage de cigarettes ou de bas, répand à l'évidence une odeur de salle de bains en matière plastique, néon et métal chromé, qui le fait aussitôt reconnaître pour ce qu'il est : un miroir de la propagande « américanisante ». Son contenu oscille en effet entre l'exaltation pédante des facettes toujours nouvelles du « rêve américain » et la dénonciation des iniquités toujours nouvelles du monde socialiste. Mais le lecteur italien qui se contenterait de condamner dans *Sélection* un évident programme de propagande antisocialiste se tromperait. Chacun fait la propagande qu'il peut, mais il n'est pas dit que le poivre antisocialiste soit un des ingrédients les plus appréciés par les palais italiens qui s'en nourrissent. Dans l'actuel état de choses, nous en arrivons à redouter que si, hypothèse absurde, l'on créait en Italie une *Sélection* de propagande pseudosocialiste, élaborée suivant les mêmes critères, elle n'ait le même succès.

En un mot, l'erreur de *Sélection* est moins de défendre un capitalisme vulgaire que d'y parvenir en avilissant, de la manière la plus vulgaire, le concept de culture. Ou mieux, en spéculant sur une habitude diffuse de fausse culture qui a désormais investi toute notre société. Car la culture n'est pas cette chose facile, de tout repos, qu'on peut condenser entre une histoire drôle et une réclame, comme semblent le penser les rédacteurs de cette revue. S'il en était ainsi, alors nous avouons préférer les calendriers du genre Chiaravalle ou, pourquoi pas? la vieille *Domenica del Corriere*, publications moins prétentieuses et non dépourvues dans leur banalité d'un certain respect provincial pour la vraie vie [1]. Mais se donner une culture est une chose au moins aussi sérieuse et contraignante que d'apprendre un métier, une technique quelconque; une technique ne s'apprend pas en feuilletant des manuels, moins encore en grappillant des informations «condensées» sur la question; on l'apprend en la créant, en l'inventant à nouveau, c'est-à-dire en produisant un travail dans ce domaine déterminé. Il n'y a donc qu'un seul moyen pour populariser la culture : mettre le peuple, *tout* le peuple, en mesure de produire cette culture, de s'en forger une tout seul.

Il est clair que cela suppose un grand changement et que le discours change de niveau. Dans les limites de l'époque actuelle et de ces considérations, conten-

1. Chiaravalle : almanach populaire très répandu dans les campagnes italiennes. Quant à la *Domenica del Corriere*, c'était un supplément hebdomadaire d'informations et de variétés du *Corriere della sera*. *(N.d.T.)*

tons-nous de réaffirmer cette idée : le sérieux de la culture d'un homme se mesure à l'importance et au degré d'achèvement du travail qu'il est capable de produire dans son domaine technique particulier. Cela revient à dire que les connaissances, si variées et raffinées soient-elles (tant pis si elles sont « condensées »), ne font une culture qu'en tant qu'elles deviennent le sang et la chair d'un métier, d'une technique de travail en quoi chaque homme fait consister sa journée et sa dignité. Une culture qui ne coûte aucun effort, autrement dit qui n'est pas un travail vivant, ne signifie rien.

Jadis existait en Italie une « culture » humaniste qui a donné travail et dignité à la classe qui l'avait promue au cours de sa constitution en classe dirigeante. À cette culture, seigneurs, ecclésiastiques, nobles et enfin bourgeois ont cru comme à un idéal commun. Les *humanae litterae* ont représenté un terrain de travail qui a été une raison de vivre pour ces gens. Elles sont encore aujourd'hui la base de ce que l'on appelle l'école des humanités, mais qui oserait affirmer que les bourgeois actuels, en tant que classe — l'ensemble des entrepreneurs, agriculteurs, professions libérales, employés —, croient assez à cet idéal d'homme cultivé pour y conformer leur existence, pour y trouver une raison de travail et de progrès ? Hormis quelques spécialistes, et peut-être un certain nombre d'ecclésiastiques, qui est encore capable aujourd'hui, alors que les rapports de classe ont changé, de se proposer comme idéal de vie sérieux, utile, exhaustif, celui de l'étude humaniste, de « l'homme humaniste » ? Il constitue pourtant le terme idéal de la culture offerte dans nos écoles. Mais ô combien dégradé et, comme toutes les choses inutiles, aveuli ! Il n'est pas difficile de démontrer que les éléments humanistes de cette culture désormais superficielle furent justement les décorations festives qui permirent à la bourgeoisie italienne de se sentir à l'aise et de se complaire dans la baraque fasciste.

Il est donc clair que, pour nous, la nouvelle culture démocratique et populaire ne devra pas se nourrir de « connaissances » humanistes (ni même scientifiques) de vulgarisation. L'actuelle ferveur culturelle, surgie dans les masses italiennes, devra-t-elle se limiter à la parfaite acquisition de tel métier, de telle technique, et abandonner ce qu'on appelle la haute culture aux divers spécialistes accrédités ? C'est au fond la perspective américaine, malgré la vulgarisation intéressée de ces admirables Sélections. Inutile de dire qu'un seul adjectif convient à cette perspective : réactionnaire. Elle tend carrément à créer des castes.

Nous croyons au contraire qu'au milieu du sang et du fracas des journées que nous vivons, une conception différente de l'homme est en train de se dégager. Techniquement spécialisé mais enraciné dans une société dont l'idéal ne peut être que la toujours plus grande conscience de chacun — ce qui implique la plus grande efficacité du travail de chacun, mais avec la conscience du travail de tous —, l'homme nouveau sera remis en mesure de vivre sa propre culture, c'est-à-dire d'y croire et de la produire également pour les autres, non pas dans l'abstrait mais dans un échange de vie quotidien et fécond. Inutile de dire que cette société sera socialiste et que ses développements à venir iront dans le sens d'un socialisme de plus en plus profond et conscient.

Écrit le 28 février 1950 et publié dans Rinascista *de février 1950.*

IL N'Y A PAS DE GÉNÉRATIONS PERDUES

C'est la première fois que nous lisons un panorama aussi clair et attentif de ce que les narrateurs italiens marxistes ou paramarxistes ont écrit ces dernières années. Et il fallait que cela vienne de la presse catholique !

L'essai équilibré de Carlo Falconi dans *Humanitas* (mai 1950, n° 5) suscite une foule de réflexions. Par exemple : Falconi a dû se contenter de résumer les intrigues des romans et beaucoup d'entre elles se ressemblent, alors que les appréciations sont extrêmement disparates. Cela veut dire que même dans cette littérature narrative qui a la réputation d'être férocement attachée au seul contenu, les différences de style subsistent et les personnalités humaines, comme on dit, subsistent.

Falconi conclut qu'il n'existe pas, aujourd'hui, une véritable littérature narrative marxiste et que les quelques romans « réussis » de ce courant ne vont « guère au-delà de la critique qu'un écrivain bourgeois aurait pu faire ». Nous les attendons, ces bourgeois ! Mais l'explication que Falconi emprunte aux communistes, c'est qu' « il n'y aura de véritable littérature marxiste que dans une société qui le soit aussi». Admettons. Aujourd'hui, il nous importe de relever la phrase qu'un «écrivain communiste» a dite à Falconi à propos de la crise, de l'insuffisance narrative de notre époque : «la nôtre est en quelque sorte une génération perdue, et l'on ne peut en demander davantage... Notre témoignage ne peut être que polémique et imparfait.... Demain nos enfants... pourront être au contraire les témoins sereins, épiques ou lyriques, etc.». Cette phrase nous répugne profondément et nous n'avons aucun mal à dire pourquoi. Il n'y a pas de génération perdue, il y a des travailleurs et des fainéants, des confusionnaires et des gens intelligents. Même si *une seule* génération avait pour destin culturel d'être perdue, de se sacrifier *in toto* à la suivante, alors il en serait de même pour toutes et l'on se demanderait à quoi bon continuer à travailler. Celui qui ne sait pas être heureux «ici et maintenant» ne le sera jamais. Et écrire, fût-ce dans la lutte, cela veut dire être heureux. L'écrivain qui ne se contente pas de son travail au jour le jour, à l'époque qui lui a été donnée, n'est pas un écrivain. Et nous sommes certains qu'il ne le sera pas davantage l'heureux jour où la société enfin socialiste lui offrira les modèles de civisme les plus impeccables. Il trouvera alors que le monde n'est pas encore communiste. Et ainsi de suite.

La poésie (même celle des néoréalistes) n'a rien à voir avec ces velléités, ces échappatoires. La poésie est l'image «claire» de ce qui dans notre expérience nous a semblé «obscur», «mystérieux», «problématique».

Dans n'importe quelle expérience. À toutes les époques historiques qu'il nous est donné de vivre.

« La littérature narrative inspirée par le marxisme », note publiée à titre posthume dans Cultura e Realtà, *n° 2. Elle se réfère à un essai de* CARLO FALCONI *portant le même titre et paru dans la revue* Humanitas *de Brescia.*

INTERVIEW À LA RADIO

Cela fait désormais dix ans que la critique a la bonté de s'occuper régulièrement de moi et des divers récits que j'écris, et ces dernières années elle a dit sur certains de ces récits des choses très fines, très flatteuses que je serais heureux de souscrire moi-même. Qu'il soit clair par conséquent que si je fais aujourd'hui un reproche à cette critique, prise dans son ensemble, il ne naît pas de la sotte intolérance d'un jeune auteur, mais, si j'ose dire, du désir de collaborer à la clarification d'un des problèmes les plus discutés de notre culture actuelle.

Je parle de ce que l'on appelle l'influence de l'Amérique du Nord, autrement dit pas seulement de moi, Cesare Pavese, mais de cette petite révolution qui, autour des années de guerre, a modifié, paraît-il, la physionomie de notre littérature narrative. Quand on parle de Hemingway, Faulkner, Cain, Lee Masters, Dos Passos, du vieux Dreiser, et de leur regrettable influence sur nous autres, écrivains italiens, tôt ou tard on prononce le mot fatal et accusateur : néoréalisme. Or je voudrais rappeler que ce mot a aujourd'hui un sens surtout cinématographique, il définit des films qui comme *Obsession, Rome ville ouverte, Voleurs de bicyclettes,* ont étonné le monde, Américains compris, et sont apparus comme la révélation d'un style qui au bout du compte ne doit rien ou presque rien à l'exemple de ce cinéma d'Hollywood également dominant en Italie dans les années où se répandaient les narrateurs américains.

Comment se fait-il que la même étiquette définisse positivement un cinéma et négativement une littérature pourtant nés au même moment, sur le même terrain nourri de sucs américains ?

Le reproche que je voudrais faire à notre critique est le suivant : a-t-elle jamais essayé, cette critique, de définir le style, la manière narrative américaine, en en recherchant les racines et les modèles historiques ? Sait-elle, cette critique, que sans Kipling on n'explique pas Hemingway, sans l'expressionnisme allemand et les Russes on n'explique ni O'Neill ni Faulkner, sans Maupassant on n'explique pas Fitzgerald, Cain et tous les autres ? Il n'était absolument pas nécessaire de sortir de l'Europe pour devenir, comme on dit, néoréaliste. On peut faire un pas de plus et soutenir, à bon droit, que ce sont les Américains qui ont appris en Europe le néoréalisme narratif (comme technique, non comme esprit, cela va de soi) de même qu'actuellement ils sont en train de réapprendre le néoréalisme cinématographique.

Reste mon cas personnel. J'en demande pardon mais, quand on me décrit comme un écrivain passé de l'américanisme au néoréalisme polémique, et puis carrément à un régionalisme bien de chez nous, j'avoue ne pas comprendre.

Commençons par l'américanisme : je suppose que l'on pense à la douzaine, environ, de narrateurs anglo-saxons que j'ai traduits entre 1930 et 1940. Sans parler du fait que pendant ces années j'écrivais également les poésies de *Travailler fatigue* pour lesquelles il serait difficile de trouver dans notre siècle un modèle anglo-saxon, c'est une erreur grossière de croire que la traduction a pour effet d'habituer la plume au style déterminé que l'on traduit. Le fait de traduire, je parle par expérience, enseigne comment on *ne* doit *pas* écrire; il permet à tout instant de sentir comment une sensibilité et une culture différentes se sont exprimées dans un style donné, et l'effort pour rendre ce style guérit de toute tentation que l'on pourrait encore éprouver de l'expérimenter pour son propre compte. À la fin d'une intense période de traductions — Anderson, Joyce, Dos Passos, Faulkner, Gertrude Stein — je *savais* exactement quelles étaient les formules et les attitudes littéraires qui ne me sont pas permises, qui me demeurent étrangères, qui me laissent froid. Comme toujours quand on se frotte et qu'on s'habitue à des gens très exotiques et insolites, je me retrouvais au bout du compte plus isolé, plus ombrageux mais aussi plus *malin*[1].

Regardons d'ailleurs les dates. Aucun de mes critiques ne veut admettre que, sous la forme où elle apparaît dans le volume *Avant que le coq chante*, ma

1. *Malin* : la traduction littérale est : «mais aussi plus *malin* dans le vieux sens piémontais du terme». En piémontais, ce terme équivaut à peu près au mot français malin : rusé, astucieux, débrouillard, qui connaît la vie et cache son jeu. *(N.d.T.)*

nouvelle *Prison* a été écrite en 1939, pour la bonne raison que son style évocateur et imaginatif risque de compromettre la théorie suivant laquelle j'aurais commencé cette année-là avec le néoréalisme à l'américaine. Cette vue est simpliste et, dans le cheminement littéraire que l'on me prête, ne pourraient plus trouver place des livres comme *Feria d'agosto* (*Vacances d'août)* ou les *Dialogues avec Leucò*, ces dialogues qui sont peut-être ce que j'ai écrit de moins mauvais.

Qu'il me soit permis de parler de mon œuvre comme si elle était celle d'un autre, et moi un critique n'ayant rien à perdre. Je dirai donc que cette œuvre, commencée dans une ombrageuse solitude en pleine période de l'hermétisme et de la prose d'art, quand le château très fermé de la civilisation littéraire italienne résistait impertubable aux vigoureux vents du monde, n'a pas renoncé jusqu'à présent à sa nature ambiguë, c'est-à-dire à l'ambition de fondre en une seule les deux inspirations qui s'y sont combattues depuis le début : un regard ouvert vers la réalité immédiate, quotidienne, « rugueuse », et une réserve de professionnel, d'artisan, d'humaniste ; une familiarité avec les classiques comme s'ils étaient des contemporains, avec les contemporains comme s'ils étaient des classiques, en somme la culture entendue comme métier. De la civilisation humaniste, cette œuvre souhaite conserver, soit dit en toute humilité, le détachement contemplatif et formel, le goût des structures intellectualistes, la leçon dantesque et baudelairienne d'un monde stylistiquement clos et en définitive symbolique. De la réalité contemporaine, elle veut rendre le rythme, la passion, la saveur, avec l'immédiateté fortuite d'un Cellini, d'un Defoe, d'un bavard rencontré au café.

Exigences difficilement conciliables, c'est vrai. Mais il nous semble que le moment est venu : ou tout de suite ou plus jamais. À une époque comme la nôtre où celui qui sait écrire semble ne plus avoir rien à dire et où celui qui commence à avoir quelque chose à dire ne sait pas encore écrire, la seule position digne d'un écrivain qui se sent lui aussi vivant, homme parmi les hommes, nous semble celle-ci : enseigner aux masses futures, qui en auront besoin, comment le chaos de la réalité quotidienne, la nôtre et la leur, peut être transformé en pensée et en imagination. Pour arriver à ce but, il va de soi qu'il sera nécessaire de n'être sourd ni à l'exemple intellectuel du passé — le métier des classiques —, ni au tumulte révolutionnaire, informe, dialectal des jours présents. La crise est, bien entendu, surtout politique.

Descendons maintenant à une moindre altitude. On comprendra peut-être clairement pourquoi Pavese refuse l'étiquette de néoréaliste, de régionaliste et ainsi de suite. Je m'explique. Quand Pavese commence un récit, une fable, un livre, il n'a jamais en tête un milieu socialement déterminé, un personnage ou des personnages, une thèse. Ce qu'il a en tête, c'est presque toujours seulement un rythme indistinct, un jeu d'événements, qui sont avant tout des sensations et des atmosphères. Sa tâche consiste à saisir ces événements et à les construire suivant un rythme intellectuel qui les transforme en symboles d'une réalité donnée. Bien entendu, il y parvient plus ou moins, suivant la forme plus ou moins concrète qu'il arrive à créer, sur le plan sensoriel, dialogique, humain. De là vient le fait, jamais suffisamment remarqué, que Pavese ne se soucie pas de « créer des personnages ». Pour lui, les personnages sont un moyen, non une fin. Les personnages lui servent simplement à construire une fable intellectuelle dont le thème est le rythme de ce qui arrive : la stupeur, comme celle d'une mouche enfermée sous un verre, dans *Prison*, la transfiguration angoissante de la campagne et de la vie quotidienne dans *La maison sur la colline*, la recherche paradoxale de ce que sont la campagne, la civilisation des villes, la vie élégante et le vice dans *Le Diable sur les collines*, la mémoire de l'enfance et du monde dans *La lune et les feux*. Les personnages de ces récits sont tout à fait sommaires, ce sont des noms, des types, rien d'autre : ils sont sur le même plan qu'un arbre, une maison, un orage ou une incursion aérienne.

Voilà pourquoi Pavese estime à juste titre que son livre le plus significatif est *Dialogues avec Leucò*, suivi aussitôt après par les poésies de *Travailler fatigue.* Dans chacun des dialogues avec Leucò, on évoque au moyen de brefs et rapides dialogues entre les deux protagonistes un mythe classique, vu et interprété dans son ambiguïté problématique et angoissante, pénétré jusqu'à son noyau humain, en le dépouillant de toute affectation néoclassique et en traitant ses protagonistes comme de beaux noms, certes chargés d'un destin mais non d'un caractère psychologique en ronde bosse. Tels sont dans l'ensemble tous les personnages de Pavese, et c'est ainsi qu'il espère continuer à les faire, tant que ses forces le soutiendront.

On arrive à la même conclusion en examinant les

préférences littéraires de Pavese, et l'on répond du même coup à la deuxième question de l'interview. Plus encore qu'italiennes ses lectures sont classiques et ensuite souvent étrangères. Pavese considère que les plus grands narrateurs grecs sont Hérodote et Platon (à propos, il ne fait pas de différence entre théâtre et littérature narrative), des écrivains qui tendent moins vers le personnage — comme c'est au contraire le cas d'Homère et de Sophocle — que vers le rythme des événements ou la construction intellectualiste et symbolique de la scène. Il aime beaucoup Shakespeare, non pour cette raison romantique qu'il crée des personnages inoubliables, mais pour une autre plus vraie : son absurde et merveilleux langage tragique (parfois aussi comique), les terribles phrases ou tirades du cinquième acte au cours desquelles, si différents qu'aient été les caractères des personnages, tout le monde dit la même chose. Il aime, en tant que narrateur, Giovanni Battista Vico, narrateur d'une aventure intellectuelle, décrivant et évoquant rigoureusement un monde, le monde héroïque des premiers peuples ; il a toujours intéressé Pavese et depuis des années l'a conduit à cesser toute lecture plaisante pour se consacrer aux relations et documents ethnologiques, textes où il retrouve ce sens d'une réalité à la fois symbolique et fondée sur des institutions très solides, qui est, à son avis, la source première de toute poésie digne de ce nom. Enfin il aime beaucoup Hermann Melville dont il a traduit *Moby Dick* — avec quelle compétence, il ne saurait le dire, mais avec beaucoup d'enthousiasme — il y a une vingtaine d'années, et qui encore aujourd'hui lui sert d'aiguillon pour concevoir ses récits non comme des descriptions mais comme des jugements de l'imagination sur la réalité.

Cette liste de lectures n'est, bien entendu, qu'indicative. À quoi bon se donner la facilité d'un étalage de noms ? Quant aux vivants, aux Italiens vivants, à quoi bon se faire des amis intéressés et des ennemis ? Il vaut mieux éviter le piège et déclarer — c'est ce qu'il pense d'ailleurs — que pour Pavese le plus grand narrateur contemporain est Thomas Mann et, chez les Italiens, Vittorio De Sica.

Cette interview (qui dans le manuscrit porte la date du 12 juin 1950) a été diffusée dans la rubrique « Écrivains au micro ». Les questions, formulées par Leone Piccioni, étaient les suivantes :

1. *La critique a indiqué de manière assez unanime les différentes phases à travers lesquelles est passé votre travail : de l'influence des Américains à un néoréalisme polémique, puis à un style spécifiquement italien et parfois régionaliste. Voulez-vous parler vous-même aux auditeurs de votre itinéraire et de vos intentions ?*

2. *Nous voudrions maintenant connaître votre position sur la littérature narrative italienne d'hier et d'aujourd'hui. Estimez-vous que votre travail s'inscrit dans une tradition italienne classique ? Quelles orientations et quels noms de contemporains appréciez-vous particulièrement ?*

3. *Avant d'être largement connu comme écrivain, vous l'avez été comme traducteur. Pouvez-vous nous dire quels rapports féconds existent, et ont existé pour vous, entre l'activité d'écrivain et celle de traducteur ?*

Le mythe

MYTHE, SYMBOLE ET AUTRES SUJETS

Une plaine entourée de collines, formée de prés et d'arbres en rideaux successifs que séparent de vastes clairières, par un matin de septembre, quand une brume légère les détache de terre, nous intéresse pour son évident caractère de lieu sacré qu'elle a dû revêtir dans le passé. Dans les clairières, fêtes fleurs sacrifices, au bord du mystère qui s'ébauche et menace d'entre les ombres sylvestres. Là, à la limite entre le ciel et les arbres, pouvait surgir le dieu. Or, le trait caractéristique, si ce n'est de la poésie, du moins de la fable mythique, c'est la consécration des *lieux uniques*, liés à un fait, une geste, un événement. On confère une signification absolue à un lieu choisi entre tous, en l'isolant dans le monde. Ainsi sont nés les sanctuaires. Ainsi reviennent à la mémoire de chacun les lieux de son enfance ; en ces lieux sont arrivées des choses qui les ont rendus uniques et qui, au moyen de ce sceau mythique, les distinguent du reste du monde.

Mais la comparaison avec l'enfance fait aussitôt clairement comprendre que le lieu mythique est moins l'endroit singulier, le sanctuaire, que celui qui porte un nom commun, universel, le pré, la forêt, la grotte, la plage, la maison, qui, dans son indétermination, évoque tous les prés, les forêts, etc., et les anime tous de son frisson symbolique. Dans la mémoire de l'enfance, le pré, la forêt, la plage ne sont pas davantage des objets réels parmi d'autres, ce sont *le* pré, *la* plage, tels qu'ils nous ont été révélés dans l'absolu et qu'ils ont donné forme à notre imagination (que par la suite ces formes primordiales se soient encore enrichies des sédiments successifs du souvenir contribue à leur richesse poétique mais n'a rien à voir avec leur sens originel).

Cette unicité du lieu fait d'ailleurs partie de cette unicité plus générale du geste et de l'événement, absolus et par conséquent symboliques, qui constitue l'action mythique. Une définition non rhétorique pourrait en être : faire une fois pour toutes une chose qui, de ce fait, s'imprègne de significations et ne cessera de s'en imprégner, grâce justement à sa fixité dépouillée de tout réalisme. Dans la réalité naturelle, aucun geste et aucun lieu ne valent plus qu'un autre. Dans l'action mythique (symbolique) au contraire, tout est hiérarchie.

L'exploit du héros mythique n'est pas tel parce que truffé d'événements surnaturels ou d'entorses à la normalité (celles-ci supposeraient au contraire, chez le croyant, la conscience d'une normalité, ce qui n'est guère propice à la conception mythique), mais parce qu'elle assume une valeur absolue de norme immobile qui, en raison justement de son immobilité, se révèle perpétuellement interprétable *ex novo*, polyvalente, en un mot symbolique. Il faut se garder de confondre le mythe avec les rédactions poétiques qui en ont été faites ou qui continuent à en être faites ; il précède, il n'*est* pas l'expression qu'on lui donne ; dans son cas, on peut vraiment parler d'un contenu distinct de la forme (même s'il ne peut jamais se passer d'une forme, fût-elle sommaire) ; et cela est prouvé par le fait que le véritable mythe ne change pas de valeur, qu'on l'exprime par des mots, des signes, ou une mimique. Le mythe est en somme une norme, le schéma d'un événement survenu une fois pour toutes, et il tire sa valeur de cette unicité absolue qui l'élève hors du temps et le consacre comme révélation. C'est pourquoi il se produit toujours aux origines, comme dans l'enfance : il est hors du temps. Si un homme apparaissait un jour, dieu sait quand, sur nos collines, demandait des brins d'osier et tressait un panier puis disparaissait, il serait le plus vrai et le plus simple des héros civilisateurs. Cette révélation d'un art serait mythique, à condition naturellement que ce geste ait été d'une unicité absolue, qu'il n'ait eu ni présent ni passé, mais qu'il se soit haussé jusqu'à une éternité sacrale, paradigme de tout tresseur d'osier. Et parmi toutes les aires, celle où il se serait assis deviendrait sanctuaire ; mais c'est déjà là une conception postérieure, plus matérialiste, au sens de naturaliste. L'événement authentiquement mythique est celui qui, situé hors du temps, se déroule également hors de l'espace. L'aire de mon héros doit être toutes les aires : et sur chacune d'elles le croyant assiste à la nouvelle célébration de la révélation. L'unicité matérielle du lieu (le sanctuaire) est une concession à la *matter-of-factness* du croyant et surtout à son imagination qui a toujours besoin d'une expression charnelle, poétique beaucoup plus que mythique.

D'ailleurs, dire par exemple Olympe voulait dire, à une certaine époque de la préhistoire grecque, quelque chose comme montagne, comme toutes les montagnes. De même qu'Hercule était tout héros de village revenant de ses aventures, en trouvant son expression chaque mythe s'incarnait dans des déterminations culturelles et géographiques qui variaient suivant les endroits.

Il faut s'accrocher à cette fièvre d'unicité dont découle le mythe. Il y a là un noyau incontestablement religieux. La vie se peuple et s'enrichit d'événements irremplaçables qui, justement parce qu'ils se sont produits une fois pour toutes en dehors des lois de ce bas monde, ont la valeur de modèles suprêmes de la réalité, définissent son contenu, sa signification et sa substance, et toutes les péripéties quotidiennes n'acquièrent sens et valeur que dans la mesure où elles en constituent la répétition ou le reflet. Un mythe est toujours symbolique ; c'est pourquoi il n'a jamais un sens univoque, allégorique, mais il vit d'une vie enfouie qui, suivant le terrain et les sucs qui l'entourent, peut exploser dans des floraisons diverses et multiples. Il est un événement unique, absolu, un concentré de puissance vitale dérivée de sphères autres que celle de notre vie quotidienne, et comme tel il répand une aura miraculeuse sur tout ce qui le présuppose et lui ressemble. La seule définition que l'on puisse donner du symbole, c'est qu'il est lui aussi un objet, une qualité, un événement qu'une valeur unique, absolue, arrache à la causalité naturelle et isole au milieu de la réalité. Le plus simple des symboles, un mouchoir que l'amoureux a reçu en cadeau de sa belle, est tel dans la mesure où il a acquis une valeur absolue qui le charge de sens multiples, et ces sens durent tant que dure l'exaltation amoureuse.

Aucun enfant n'a conscience de vivre dans un monde mythique. Ceci va de pair avec cet autre fait bien connu qu'aucun enfant ne sait quoi que ce soit du «paradis enfantin» dans lequel, le moment venu, l'adulte s'apercevra qu'il a vécu. La raison en est que pendant ses années mythiques, l'enfant a beaucoup mieux à faire que de donner un nom à son état. Il doit vivre cet état et connaître le monde. Or, quand on est enfant, on apprend à connaître le monde non pas — comme on pourrait croire — par un contact immédiat et originel avec les choses, mais à travers leurs signes : paroles, illustrations, récits. Si l'on cherche la source d'un moment d'émotion extatique devant quelque chose dans le monde, on constatera que nous sommes émus parce que nous avons déjà été émus ; et nous avons déjà été émus parce qu'un jour ce quelque chose nous est apparu comme transfiguré, détaché du reste, à cause d'un mot, d'une fable, d'une rêverie qui s'y rapportait et le contenait. Pour l'enfant, ce signe devient symbole parce que tout naturellement à cette époque l'imagination est vécue comme une réalité, comme une connaissance objective et non comme une invention (que l'enfance soit poétique est une simple illusion de l'âge mûr). Mais, dans ce qu'il a d'absolu, ce symbole hausse jusqu'à sa sphère la chose signifiée qui, avec le temps, devient la forme absolue de notre imagination. Telle est la *mythopoeïa* enfantine : elle confirme que les choses ne se découvrent, ne se baptisent qu'à travers les souvenirs que nous en avons. Car, en toute rigueur, il n'existe pas de « voir les choses pour la première fois » : ce qui compte, c'est toujours la deuxième.

L'activité mythique de l'enfance consiste en somme à élever vers la sphère des événements uniques et absolus les révélations successives des choses, ce qui leur permettra de vivre dans la conscience comme des schémas normatifs de l'imagination affective. De manière analogue, chacun de nous possède une mythologie personnelle (faible écho de la précédente) qui donne de la valeur, une valeur absolue, à son monde le plus lointain, et qui pare les pauvres choses de son passé d'un éclat séduisant et ambigu dans lequel, comme dans un symbole, semble se résumer le sens de toute une vie. Ce *temps retrouvé*[1] a lui aussi en commun avec le mythe authentique la faculté de se répéter, c'est-à-dire de se réincarner à travers des répétitions qui paraissent et sont des créations *ex novo*, tout comme la fête célèbre à nouveau le mythe et en même temps l'instaure comme si chaque fois était la première.

La poésie, c'est autre chose. En poésie, on sait que l'on invente, ce qui n'est pas le cas dans la conception mythique. La raison pour laquelle la poésie peut naître partout et toujours alors que chaque peuple finit par sortir de son stade mythologique, c'est que pour transformer l'invention en foi, la volonté ne suffit pas. L'ingénuité des barbares, pour lesquels l'imagination est une connaissance objective, ne revient plus une fois

1. En français dans le texte. *(N.d.T.)*

perdue. Le miracle de l'enfance est vite englouti dans la connaissance du réel et il ne subsiste que comme forme inconsciente[1] de notre capacité d'imaginer, forme continuellement détruite par la conscience que nous en prenons. La vie de chaque artiste et de chaque homme est, comme celle des peuples, un effort incessant pour amener à la clarté ses mythes. Mais on ne peut empêcher qu'ils ne demeurent le foyer vital, la *ratio ultima* parce que inconsciente, de notre vie intérieure. Le tonique puissant qu'ils fournissent, seule et unique inspiration digne de ce nom galvaudé, en est la preuve. Toutefois on ne doit pas refuser, sur le plan esthétique, l'effort tenace pour les amener à la clarté, c'est-à-dire pour les détruire. Seul ce qui en restera après cet effort (et s'il est vrai que l'esprit est inépuisable, quelque chose doit toujours en subsister) pourra constituer une source de vie.

La poésie cherche souvent une nouvelle virginité en recourant au symbolisme, aux souvenirs de l'enfance et même aux mythes. Elle avoue ressentir dans ces formes spirituelles une forte tension de l'imagination qui lui fait envie, et elle s'imagine que pour détourner cette tension vers son domaine, un acte de la volonté soit suffisant. Elle calque les formes du mythe et du symbole avec l'espoir qu'en elles le cœur recommence magiquement à battre. Mais elle oublie qu'elle a conscience d'inventer alors que le mythe vit au contraire de foi.

Dans les formules qu'elle emprunte sommeille un

1. Inconscient : précisons que Pavese se sert d'un mot qui n'a aucune connotation psychanalytique. *(N.d.T.)*

absolu qui peut se réveiller, à condition qu'il soit accueilli comme une révélation, vitale plus encore que poétique. Toutefois il arrive parfois qu'autour du vieux squelette se développe et fleurisse une chair nouvelle, toute différente de ce que le créateur attendait et connaissait. Il n'est pas question ici de la poésie, qui est toujours possible, surtout quand on la veut, et dépend en fin de compte seulement de la patience et de la netteté du regard. Mais de cette image ou inspiration centrale, formellement unique, vers laquelle l'imagination de chaque créateur tend inconsciemment à revenir et qui le réchauffe plus que tout de son omniprésence mystérieuse. Cette image est mythique dans la mesure où le créateur y revient toujours comme vers quelque chose d'unique, qui symbolise toute son expérience. Elle est le foyer central non seulement de sa poésie mais de toute sa vie. Plus elle est vaste et robuste, plus ample et vitale est la poésie qui en jaillit. Mais, est-ce la peine de le dire, dès que le créateur en a pris une conscience critique et qu'il continue à l'exploiter, la poésie s'évanouit.

Cette inspiration plonge ses racines dans le passé le plus lointain de l'individu et traduit la quintessence de sa découverte des choses. Parfois, au travers des schémas qu'il croit exhumer, elle apparaît fugacement dans des images marginales, presque fruit du hasard ; plus souvent, elle s'incarne dans des situations prégnantes, puissantes et monotones qui, quel que soit le thème de la fable, éclatent toujours pareilles à elles-mêmes et lui donnent son sens véritable. De ces situations, le créateur ne peut rien dire si ce n'est qu'elles constituent son mythe, son événement unique, qui chaque fois a le caractère d'une révélation extraordinaire, comme une fête rituelle pour le croyant. Il les contemple intérieurement, quand il parvient à les voir, comme on a contemplé jadis les douleurs de Dionysos ou la transfiguration du Christ. Elles sont des mystères, au sens religieux le plus authentique.

On vient ainsi de décrire ce que Baudelaire appelle *l'extase*[1], la spontanéité de l'inspiré qui n'a rien à voir avec les *subtils complots*[1] du poète. Pour baptiser les choses, l'ingénuité de la foi est nécessaire et chaque baptême est un miracle comme dans le culte. À ce stade on est vraiment inspiré parce que devant l'absolu, devant ce qui est unique, on se recueille et en même temps on s'abandonne, et seuls les créateurs d'une trempe extraordinaire parviennent à conserver sous cette tension religieuse la rapidité et l'agilité du métier poétique. Presque toujours c'est justement l'inspiration — celle-ci précisément — qui gâte la poésie, la dilue, la gaspille. Le peu de discipline formelle que l'on possédait s'effondre sous l'indétermination d'un sentiment irrépressible. Rares sont les créateurs qui savent faire coïncider la profonde exigence formelle implicite dans l'empreinte de leur plus lointain contact avec le monde, et les moyens expressifs fournis par la culture à toute une génération. Leur tâche est un compromis qui trahit partiellement l'ingénuité, qui s'efforce de jeter un regard aussi clair que possible dans le gouffre du mythe par lequel ils sont happés, mais ne va pas jusqu'au point où la fable se dissoudrait en naturalité. C'est pourquoi il arrive que cer-

1. En français dans le texte.

tains se sauvent en faisant autre chose que ce qu'ils attendaient et connaissaient. Mais les plus forts, les plus diaboliquement fidèles et lucides, font ce qu'ils veulent ; ils traversent le mythe de part en part et en même temps le préservent, ramené à la clarté. Telle est leur façon de collaborer à l'unicité du miracle.

Publié dans Feria d'agosto, *Einaudi, Turin 1946. Cet article ainsi que les trois suivants furent rédigés en 1943-1944.*

ÉTAT DE GRÂCE

Les symboles que chacun de nous porte en lui et qu'il retrouve à l'improviste dans le monde — il les reconnaît et son cœur tressaille — sont ses souvenirs authentiques. Ce sont également de véritables découvertes. Il faut savoir que nous ne voyons jamais les choses une première fois, mais toujours la deuxième. Alors nous les découvrons et en même temps nous nous en souvenons.

Chacun a un trésor intime de représentations — normalement on peut les réduire à quelques grands thèmes — qui composent le vivier de toutes ses stupeurs. Il se retrouve face à elles aux moments les plus inattendus de l'année, suggérées par une rencontre, un moment de distraction, une allusion ; et chaque fois il plonge en elles son regard comme on scrute son visage dans un miroir. Elles sont une réalité énigmatique et pourtant familière, d'autant plus irrésistible que toujours sur le point de se dévoiler sans que jamais on ne la découvre. Il arrive qu'on y pense volontairement, comme à des souvenirs qu'elles sont effectivement, et que l'on s'efforce d'en remonter le courant, comme si leur origine en cachait le secret. Mais elles n'ont pas d'origine, c'est là le problème. À leur source il n'y a pas une « première fois » mais toujours une « seconde ». Telle est leur ambiguïté : en tant que souvenirs, elles commencent à exister seulement à partir d'une deuxième fois et, comme un Nil mythique, elles dissimulent leur tête.

Pourquoi justement ces représentations et pas d'autres ? Pourquoi, avec toutes les images que la réalité nous a offertes chaque jour de notre vie, l'extase de la « deuxième fois » nous attend devant certaines qui n'ont même pas été les plus insistantes ? De toute évidence, l'intensité d'une familiarité antérieure avec des faits et des choses ne suffit pas à leur conférer la nature de souvenir. Le choix s'effectue suivant des motifs que l'on dirait capricieux, n'était le profond sérieux de ces symboles, qui nous pousse à croire qu'en eux se condense l'essence même de notre vie individuelle. Nous sommes ici, sans doute aucun, sur un plan instinctif, s'il est vrai que c'est l'instinct qui nous fait être ce que nous sommes et persévérer dans le sens de nos prémisses vitales.

Si nos souvenirs dissimulent leur source, c'est justement parce qu'ils puisent dans la sphère de l'instinctif-irrationnel. Dans cette sphère — la sphère de l'être et de l'extase — n'existent pas un avant et un après, une première et une deuxième fois, parce que le temps n'existe pas. Ce qui est en elle, *est* : l'instant équivaut à l'éternel, à l'absolu. Dans le sens que nous avons de notre être, dans notre adhérence à un souvenir où nous nous étonnons de nous retrouver nous-mêmes, nous ne percevons plus aucune trace du temps. Chaque fois est une deuxième fois, ou mieux une redécouverte, tout simplement parce qu'en nous plongeant en elle nous nous retrouvons. Il est évident qu'il ne peut exister de commencement au symbole d'une réalité — la nôtre — qui pour notre instinct n'a jamais eu de commencement, mais *est*.

Cette réalité existe selon des modalités que nous ne sommes pas toujours ou presque jamais en mesure de retracer et de comprendre. À des moments inattendus nous en touchons la pleine substance, comme on touche un corps dans le noir ou comme un reflet jaillit à la lumière : nous pressentons, nous devinons qu'elle nous exprime, mais pourquoi justement ce contact, cet éclair, avec leur physionomie unique, et non un autre, une autre apparence, alors que nous n'avons rien fait pour les choisir, cela nous ne le savons pas. Nous savons qu'en nous l'image inattendue n'a pas eu de commencement : le choix a donc eu lieu en deçà de notre conscience, en deçà de notre vie et de nos concepts ; il se renouvelle à chaque fois, sur le plan de l'être, en vertu de la grâce, de l'inspiration, en somme de l'extase.

Ces symboles de notre être sont différents de l'« idéal de vie » que certains pourraient y voir. Nous nous créons tous des images, des fables d'une vie que nous aimerions mener, et nous ne les projetons pas toujours dans l'avenir : souvent nous rêvons d'expériences passées, en nous contentant justement d'en rêver. Mais il ne faut pas confondre ces émouvants programmes d'activité, fût-elle contemplative, avec les symboles mythiques de notre réalité éternelle et absolue. Ce qui nous permet de reconnaître ces derniers, c'est l'effort de connaissance qu'ils nous imposent, la tension frustrée mais toujours renouvelée de tout notre être pour les saisir, les emprisonner, les incorporer dans notre sang et pour enfin les connaître. Car les éclairs qu'ils envoient de l'inconscient vers la lumière marquent le début d'un processus qui ne s'apaisera que quand nous les aurons tous pénétrés de lumière ; mais ils nous échappent, ils retombent dans l'indistinct auquel ils appartiennent en même temps que la part la plus riche de notre être.

Souvent d'ailleurs, leur matière est la même que celle des « idéaux de vie », ou plus exactement les idéaux se sont développés, consubstantiels à ces germes, à ces représentations qui, levant dans notre esprit, ont produit les constructions plus voyantes du rêve où ont afflué des éléments de l'expérience quotidienne directe ou apprise. À ce point, il suffit que chacun décompose ses rêves de vie les plus élaborés et, s'il a de la chance, il trouvera dans le creuset, irréductible et peut-être inattendu, quelque chose où il pourra reconnaître sa vérité.

Ce quelque chose est souvent un détail. Je connais un homme qu'un simple œil-de-bœuf ouvert sur le ciel vide, en haut d'un escalier, met dans un état de grâce. A-t-il dans sa vie rencontré plus de fenêtres de ce genre qu'un autre ? Pourquoi, parmi toutes les représentations possibles de l'infini, a-t-il choisi celle-ci ? Chacun est sensible à l'idée d'infini et Leopardi en a jadis mis au clair le fonctionnement, mais pourquoi une fenêtre plutôt qu'une fuite d'arbres ou la silhouette d'un balcon sur la mer ? Quoi qu'il en soit, la référence à Leopardi fait naître un doute. Quel peut être, dans la constitution d'une de ces découvertes-souvenir, l'influence de la poésie, le rôle de la lecture, de l'écoute, de la contemplation ? Pour combien de ces symboles sommes-nous débiteurs des poètes qui en ont gravé l'empreinte dans notre cœur ?

Il est clair que le premier contact avec la réalité spirituelle est un fait d'éducation : chaque individu apprend à connaître les choses dans la mesure où son goût les a déjà apprises. Cela doit s'entendre au sens le plus large possible : un paysan, une fille de la campagne ont pu s'éduquer au moyen des chansons, des anecdotes, des fêtes périodiques de leur village. De toute façon, même dans ce cas, on retombe sur la « deuxième fois » : nous admirons de la réalité seulement ce que nous avons déjà admiré une fois. Mais comme admirer veut dire s'exprimer intérieurement, le paradoxe se résout si l'on admet que la première découverte de la réalité a lieu à travers les expressions exemplaires qui de cette réalité existent autour de nous. Au moyen de ces expressions, on remonte vers cette fois unique — qui peut résulter de la somme de plusieurs moments dans l'expérience — où s'est formé en nous comme le mythe de toute représentation singulière : vers ce moment nimbé d'une intemporalité fabuleuse où nous avons reçu l'empreinte destinée à dominer notre avenir justement suivant les modalités du mythe. Ainsi l'obscure énigme de la « première fois » pourrait s'expliquer par l'analogie qu'elle offre avec la nature du mythe préhistorique : la première fois serait en somme, dans l'absolu, ce qui arrive une fois pour toutes.

Il n'est pas facile de déterminer jusqu'où arrive cet

apprentissage mais il semble évident que les émotions ancrées dans notre âme par les révélations de la poésie amènent laborieusement vers la lumière la matière extatique qui sommeillait au fond de nous, en aidant même — pourquoi pas ? — à la refaçonner. Arrive le moment où la structure destinée à notre être véritable — cet être qui est notre façon de regarder, notre style — transparaît et affleure, brille puis disparaît nous invitant à la comprendre et à l'exprimer. Nous sommes tous alors des créateurs en tant qu'interprètes de nous-mêmes et du monde.

C'est pourquoi nous dirons que les symboles, les découvertes-souvenirs de notre substance, sont certes un fait de goût, mais d'un goût actif, ils sont la réponse de notre instinct aux sollicitations de la culture. Il se peut que l'escalier-fenêtre soit celui de l'école où l'on a passé ses premières années et fréquenté, fût-ce avec répugnance, les poètes, mais ce qui importait en lui et qui importe encore, c'est le ciel vide et immémorial.

Ce trésor de symboles n'est donc pas le privilège de ceux qui écrivent de la poésie, même s'il est indispensable à la création poétique, mais c'est un bagage par excellence humain, nécessaire à la conservation de la conscience de soi et, somme toute, à la vie. Le paysan ou la fille de la campagne ne nous apprennent pas grand-chose, mais ils parlent eux aussi, autrement dit ils transmettent et créent la réalité. Sous les mots existe pour eux aussi une immobile éternité de signes qui, si elle ne les tourmente pas avec son énigme, les rend satisfaits, sans qu'ils s'en rendent compte, de leur réalité instinctive.

C'est si vrai que pour tout individu, même le plus cultivé, le plus créateur, on peut soutenir que ses symboles s'enracinent moins dans ses rencontres livresques et académiques que dans ses mythiques et presque élémentaires découvertes enfantines, dans les contacts les plus humbles et inconscients avec les réalités quotidiennes et domestiques qui l'ont entouré au départ : non la grande poésie, mais la fable, la dispute, la prière, non la grande peinture mais l'almanach et l'estampe populaire, non la science mais la superstition. À ce stade, tous les hommes sont frères. La seule différence tient au relief que la vie intérieure donnera par la suite à ces symboles : certains hommes sentiront ces souvenirs lointains grandir démesurément dans leur âme jusqu'à y inclure le ciel, la terre et eux-mêmes.

Rien par conséquent n'est aussi salutaire, devant toute haute construction de l'imagination, que de s'efforcer de la pénétrer en la débarrassant de son exubérance et en isolant ses symboles essentiels. C'est comme descendre dans les ténèbres fécondes des origines où l'universel humain nous accueille, et l'effort pour en amener à la lumière une incarnation apparaîtra comme un doux labeur. Il s'agit de saisir un autre esprit dans son extase, dans son éternité. Il s'agit d'en respirer un instant l'atmosphère raréfiée et vitale, et d'ancrer en nous la superbe certitude que rien ne la différencie de celle qui stagne dans notre âme ou dans celle du paysan le plus humble.

Publié dans Feria d'agosto.

L'ADOLESCENCE

Le jour où nous nous apercevons que les connaissances et les rencontres que nous faisons dans les livres étaient celles de nos premières années, nous sortons de l'adolescence et nous nous entrevoyons nous-mêmes. Il y avait en nous un trésor que nous ne connaissions pas, une accumulation de lentes habitudes auxquelles nous découvrons soudain un aspect nouveau, surprenant, riche de tous les charmes et des secrets du monde de l'imagination. Rien n'a changé dans les choses ou les personnes de notre petite existence, c'est nous qui avons changé : en constatant avec stupeur que ce que nous avons vu et senti de la vie est identique à ce qui ébranle et enflamme l'imagination que l'on trouve dans les meilleurs livres, nous avons compris que nous admirions : nous avons découvert, saisi un monde, notre monde.

Une époque où nous n'avons pas admiré se perd dans l'indistinct. Car avant les livres il y a eu les fables, les images, les jeux, il y a eu les chants et les fêtes. En toute rigueur, le seul âge où aucune imagination extérieure n'a influé sur notre esprit est celui inconscient de l'enfance. Les livres sont venus plus tard : ils ont accéléré et renforcé un processus que rien en substance ne distingue de l'action de la culture antérieure aux livres. Dès que nous avons écouté et parlé, nous nous sommes retrouvés dans la sphère de l'esprit et de l'imagination incarnés.

Or l'admiration, autrement dit la capacité de voir comme unique et normative la forme d'une réalité donnée, naît toujours dans le sillon d'une précédente transfiguration de cette réalité. Nous admirons seulement ce que nous avons déjà admiré une fois. Et d'étape en étape, nous finissons toujours par remonter vers cette fois où l'admiration nous est venue de l'extérieur, c'est-à-dire à travers la parole, le signe, où elle nous a été communiquée comme un fruit spirituel incarné. Aucun enfant, aucun homme n'admire un paysage avant que l'art, la poésie — un simple mot parfois — ne lui aient ouvert les yeux. Si l'on pense à un moment d'extase de son enfance, on s'apercevra que l'enthousiasme et la révélation cachent la trace d'un goût, livresque ou non, que sa culture, quelle qu'elle soit, a dessinée. L'invention de nouveaux paysages, de nouvelles figures, personnages, mythes, de formes nouvelles, appartient à un âge bien plus expérimenté où l'empreinte des imaginations extérieures finit par s'effacer devant la ferveur peu commune de ceux qui ont su se forger de nouvelles admirations en amenant péniblement à la lumière les moules instinctifs de leur être. Mais ce phénomène est rare. D'ordinaire, tous — y compris les professionnels de l'imagination — vivent de représentations empruntées. C'est du moins le cas pour toutes les adolescences. Elles cessent justement quand nous comprenons que notre ancienne vision de la réalité rappelle, qu'elle est même la réalité extérieure des livres ou des autres.

Chaque fois que ce multiple sceau culturel n'est pas venu peupler de silhouettes et de formes la réalité, les jours de notre enfance-adolescence ont eu un étrange déroulement et n'ont pas eu, justement, de forme. Mais c'est à ce moment-là qu'a eu lieu la rencontre muette — merveilleuse et ordinaire — avec toute la réalité, et il est dommage que, lorsque nous y repensons, nous tombions d'ordinaire, pour d'évidentes raisons, uniquement sur des moments de transfiguration culturelle, c'est-à-dire sur des moments où une expression extérieure a éclairé d'une lumière plus ou moins adventice notre expérience. Ils se détachent dans notre mémoire comme des étapes de notre éducation consciente. Mais il y a toute une zone de journées indistinctes dont celui qui réussit à saisir et à fixer l'atmosphère effleure le secret de sa nature la plus intime. En elles nous avons rencontré notre réalité, la moins sujette aux influences et aux séductions de la culture, celle qui conservera sous toutes les révélations à venir l'empreinte spécifique de l'instinct. Elles offrent comme un sol stable, un fondement premier, un moule authentique et ineffaçable. Tout vient de là. L'étonnement que nous éprouverons un jour en décelant dans les révélations de l'art les visages et les sentiments de nos premières années, en découvrant de quoi était fait cet enthousiasme, cet étonnement nous viendra du contraste avec les journées muettes qui ont pu préparer et annoncer une vie si riche.

Les plus riches imaginations nous le disent :

Cette mer fut mon berceau...
... et là, enfant,
j'adorai de Vénus la divinité [1].

L'enfance de Zante s'illumine de culture grecque ; mais c'est surtout la culture grecque qui s'est enrichie et renouvelée par ces rencontres enfantines. Le simple hasard d'une naissance en Grèce devient le levain de tout un monde livresque déjà desséché. Plus tard au cours de ce siècle, on rencontre des imaginations plus rusées, dans lesquelles l'apport culturel est de plus en plus éclipsé par la période ténébreuse de l'enfance ; jusqu'à la tentative extrême de celui qui décèle la véritable vie et la source de l'art dans la recherche du temps perdu.

Et ce n'est pas un hasard si, pour atteindre son passé le plus secret, Proust s'est servi de la pure sensation qui, dans sa nudité, semble faite exprès pour nous rapprocher du monde larvaire des origines instinctives.

Mais le difficile effort pour séparer dans le souvenir les lueurs originaires et les visions secondes commence tard, il commence avec une jeunesse spirituelle qui se fait attendre, bien après la jeunesse physique, et qui parfois ne vient jamais. À cette fin il est nécessaire d'acquérir la maîtrise de soi — patiente conquête —

1. Vers d'Ugo Foscolo (1778-1827), poète italien né à Zante, en Grèce. *(N.d.T.)*

au point de savoir négliger les souvenirs glorieux et de se limiter à explorer les zones monotones et neutres. C'est-à-dire les moments de vie simple et enfantine, instinctifs, vierges autant que possible de toute rencontre culturelle, y compris avec le langage. La plus grande difficulté réside dans le fait, noté plus haut, que le souvenir conserve seulement ce qui, en nous enfants, a déjà été exprimé, c'est-à-dire inspiré par l'extérieur. Il est par conséquent nécessaire moins de remonter le fleuve de la mémoire que de se remettre avec abnégation dans un état instinctif ou dans ce qu'il en reste. Nous voulons dire par là que la façon proustienne de s'abandonner à la sensation non réfléchie ne suffit pas. Elle ne suffit pas parce qu'en tant que souvenir, la sensation, fû-elle brute, n'échappe aucunement à la coloration complaisante du goût ; elle ne suffit pas car la difficulté n'est pas tant de remonter le passé mais de s'y arrêter ; enfin, elle ne suffit pas parce que nous entendons par état instinctif cette empreinte authentique qui influe sur toute notre réalité intime. Et pour retrouver cet état, plutôt que faire un effort mnémonique, nous devons creuser notre réalité actuelle, mettre à nu notre essence. Si nous voyons avec clarté le fond de notre être, nous ne pourrons pas ne pas avoir également touché ce que nous fûmes enfant.

À ce stade de l'enquête, le temps disparaît. Notre enfance, le ressort de toutes nos stupeurs, n'est pas ce que nous fûmes mais ce que nous sommes depuis toujours. La durée n'affecte pas les états intérieurs : autrement ce sursaut de joie qui nous accueille devant le souvenir absolu serait inexplicable. Ici se rappeler n'est pas se mouvoir dans le temps mais en sortir et savoir que nous existons. Lorsqu'on y repense, l'enfance suggère la nostalgie et non des sentiments de tristesse : nous en avons perdu uniquement cette plus grande facilité — la pureté initiale — à vivre dans l'ingénuité de l'être. La mélancolie du passé en revanche se développe dans une dimension temporelle plus manifeste, elle s'attache aux apparences ; pour elle le souvenir est entièrement fait de durées et de bourgeonnements entremêlés, de découvertes du goût qui, telles des vrilles, nous accrochent aux autres, aux choses, à l'histoire.

On arrive donc à ce fait curieux : nous vivons notre être le plus authentique quand nous ne savons pas encore admirer, c'est-à-dire percevoir ce qui nous arrive. Les premiers coups d'œil lucides, nous les jetons sur un schéma qui nous vient des autres, de l'extérieur ; l'idée même de coup d'œil est quelque chose que nous acceptons, que nous imitons des autres. L'effort pour passer de l'autre côté de la durée, c'est encore une norme que nous enseigne la durée...

Publié dans Feria d'agosto.

MAL DE MÉTIER

Parfois, lorsque je m'approche de cette terre, j'en reçois un choc impétueux qui m'entraîne comme une eau en crue et veut me submerger. Une voix, une odeur suffisent à m'empoigner et à me jeter Dieu sait où. Je deviens pierre, humidité, fumier, suc des fruits, vent. Des limites humaines ne me reste que l'instinct de me traduire dans des mots, mais ceux-ci n'ont plus de consistance et je me débats comme un arbre ou un fauve jadis homme et maintenant incapable de s'exprimer. Je cède, avec répugnance, car je sais que ma nature est autre, et chaque fois je trouve au fond de cet élan une vaine satiété. Chaque effort pour rendre prégnant le sens, tout en restant lucide, conduit à cette défaite. En somme, c'est un péché, comme le libertinage, comme le sadisme et l'ivresse.

La limite de l'homme — la mienne — porte en elle cette norme : ce que l'on veut et que l'on ne peut exprimer est un péché. Pire : c'est futilité. Un seul pardon est possible : le souvenir. À travers le souvenir, il peut se faire que l'inhumain et le bestial soient rachetés et rendent un son digne de la claire raison. Mais justement, en devenant souvenir, ils perdent la prégnance du sens.

Je parle ici de tentation actuelle. Immobile devant une campagne, oublieux devant un ciel clair, un cours d'eau, un bois, la rage soudaine me saisit de ne plus être moi, de devenir ce champ, ce ciel, ce bois, de chercher la parole qui le traduise tout entier, jusqu'au moindre brin d'herbe, jusqu'à ses exhalaisons, jusqu'au vide. Je n'existe pas ; le champ existe, le ciel existe. Mes sens existent, ouverts comme des gueules pour dévorer l'objet. Deux naturalités s'affrontent : l'une, tendue, spasmodique ; l'autre, inexorable et brute. Je suis, dis-je, entièrement tendu vers l'extérieur ; je ne tâtonne pas à la poursuite de moi-même, ou d'une idée fugitive ; au contraire, en moi l'esprit est comme étranglé. Dans sa brutalité, cet état est un effort, peut-être futile, pour devenir dieu à travers la bête. Comme la boisson ou le meurtre. S'il semble plus véniel et presque méritoire parce qu'il tend tout compte fait vers un fruit spirituel, il est toutefois plus vénéneux parce qu'indissociable de la vie intérieure authentique, et comme tel toujours prêt à saboter le travail légitime. C'est une crise, une émeute des facultés bonnes qui, trompées par un choc des sens, s'imaginent qu'elles ont tout à gagner de s'abandonner aux choses. Et celles-ci empoignent, entraînent, engloutissent, comme une mer en furie, fuyantes, insaisissables elles aussi, comme l'écume. Il y a en elles quelque chose d'obscène : exactement comme dans l'abandon au sexe et dans la volonté d'en retracer les sensations secrètes.

Dans le souvenir, le tumulte s'apaise. Ceci vaut,

bien entendu, pour le souvenir-renoncement, pour le souvenir qui a su se rendre maître des choses à travers le détachement, en élevant le naturel à la sphère de l'absolu. De là vient que le plus sûr vivier de symboles soit celui de l'enfance : sensations lointaines qui, après avoir longuement macéré, se sont dépouillées de toute matière et ont acquis dans la mémoire la transparence de l'esprit. De là vient qu'on ne recommandera jamais assez aux esprits contemplatifs de se boucher les sens devant la réalité et de se contenter de celle qui, filtrée par les années, affleure à nouveau du fond secret de la conscience. La richesse illusoire du réel ne peut être appréciée à sa juste valeur qu'en sachant que seulement ce que nous avons toujours possédé nous appartient vraiment; ceci explique pourquoi les livres de voyages, ceux que l'on appelle documentaires, sont si insondablement ennuyeux. Un seul document nous intéresse et nous paraît toujours nouveau : ce que nous savions dès l'enfance.

Car vraiment, pendant notre enfance, nous étions autre chose. Petites brutes inconscientes, le réel nous accueillait comme il accueille les graines et les pierres. Nous ne courions pas alors le risque de l'admirer et de vouloir plonger dans son tourbillon. Nous étions le tourbillon lui-même. Mais l'histoire secrète de l'enfance de chacun est faite justement des tressaillements, des déracinements qui nous ont arrachés au réel et à la suite desquels, à travers le langage — aujourd'hui une forme, demain une couleur —, nous nous sommes opposés aux choses et nous avons appris à les évaluer et à les contempler. Ce qui est précieux au fond de nous, c'est donc cette dissonante harmonie de rencontres, de découvertes, de développement. La tentation de retrouver dans une étreinte innaturelle l'univers préenfantin des choses, c'est le péché. Nous devons plutôt nous exercer au contraire : repousser ce halo de naturalité qui pourrait encore nous entourer, le repousser pour pouvoir le posséder. Mais la vie adulte n'a pas grand-chose à ajouter au trésor des découvertes enfantines. On peut, en revanche, ramener à la lumière ces formes primordiales et contempler leur fraîche vitalité, comme si elles étaient des racines que le terreau des jours a continué à nourrir. Puis d'une chose en naît une autre, et même les jours à venir bourgeonneront sur ces souches.

Publié dans Feria d'agosto.

ÉTAT SAUVAGE [1]

La sauvagerie qui nous intéresse n'est pas la nature, la mer, la forêt, mais l'imprévu dans le cœur des hommes, nos camarades. C'est la sauvagerie qui par un simple effort d'attention peut devenir volonté délibérée. La ville, la femme nous traitent avec une férocité dont toute campagne inculte n'est qu'un symbole. Les intempéries et les infirmités nous trouvent résignés, elles nous donnent la mort mais elles ne déchaînent pas la sauvagerie en nous comme le fait la volonté délibérée qui oppose passion contre passion. La sauvagerie invente des mots, elle se ronge pour arriver à la clarté à travers des mots qui ensuite suppurent en nous et nous déchirent. Au départ elle n'est que nature : la ville est un paysage, fait de rochers, de hauteurs, de ciel, de soudaines clairières, la femme est un fauve, une chair, une étreinte. Puis elle devient parole, le naturel n'était qu'un symbole, nous faisons connaissance alors avec la vraie sauvagerie et nous ne pouvons que hurler.

1. Le titre de cet article est en fait *La forêt*, mais le mot italien *selva* est la racine du mot *selvatico* que Pavese utilise pour la notion de sauvage. *(N.d.T.)*

A-t-on jamais hurlé devant les choses ? Les ténèbres d'un sous-bois, les assauts plaintifs du vent, l'impuissance à se débarrasser d'une fièvre nous paraissent de riches mystères — mystères de danger et de douleur — auxquels nous sommes tentés de donner la parole, pour mieux les connaître et mieux les posséder. Et leur donner la parole veut dire les réduire à un niveau humain et citadin, en faire justement des mots, qui permettent d'exprimer et de signifier la trouble, atroce, pullulante forêt humaine. Il n'y a pas de mystère dans les choses de la nature de même qu'il n'y a pas de péché, il y a tout au plus des symboles. Disons même que le propre de la ville et de la femme — de la vie en commun —, quand elles deviennent volonté délibérée, est de consister en symboles sous le choc desquels notre volonté aussi se tend et, frustrée, nous laisse impuissants devant le mystère, le seul mystère vraiment intolérable qui est le heurt des volontés.

Pourquoi tendons-nous à parler d'une femme à travers des symboles, c'est-à-dire à la transformer en une chose tout à fait naturelle, et disons-nous par exemple qu'elle est fièvre, rafale, sous-bois ? Essayons-nous par là de nous défendre, comme on peut se défendre en transformant en paysage une place, une succession de toits, ou en s'abandonnant à une foule comme à un fleuve ? Mais les mots ont une vie étrange : ils s'incarnent très vite et la femme sera vraiment pour nous fièvre et sous-bois, la foule vraiment fleuve, la ville paysage, autrement dit, pour nous, impassible. Alors notre passion se ranime : notre volonté se débat, comprenant parfaitement que sous ces symboles et ces mots il y a une volonté adverse qui résiste, qui existe par elle-même, éternel mystère dans lequel nous ne pouvons pas nous épuiser et qui ne pourra jamais s'épuiser en nous. C'est cela la vraie sauvagerie. La solitude dans un bois, dans un champ de blé, peut être effrayante, elle peut tuer, mais elle ne nous épouvante pas ni ne nous tue comme hommes, comme volontés passionnées. Seuls les autres peuvent y parvenir — les autres, notre prochain, les femmes, les camarades, nos enfants. Face à eux, face à la ville, nous souffrons toujours, nous souffrons à fond. Nous échangeons paroles et symboles, nous échangeons des coups, nous nous tendons la main, chacun essuie la sueur de l'autre, mais à la fin du jour nous nous rendons compte, épuisés, qu'il n'y a personne avec nous. Pourtant nous savions que tout notre labeur avait comme but unique de ne pas rester les mains vides. Est-ce acceptable ?

Nous devons l'accepter. Il suffit de réfléchir à ce que seraient la fin du jour, le lendemain, l'avenir, si les symboles disparaissaient, si le mystère s'évanouissait, si nous n'étions pas seuls la nuit. Nous serions plus morts que les morts. Nous ignorerions que nous voulons quelque chose. Nous ignorerions que, n'étant que mystère, notre prochain — la ville, la femme — attend de nous les coups, la main tendue, il attend d'être réveillé et tourmenté, mis devant sa douleur et son mystère. S'il était possible de détruire les symboles, tous les symboles, nous ne détruirions que nous-mêmes. Nous pouvons en découvrir qui sont de plus en plus riches, plus subtils, plus vrais, nous pouvons les remplacer, mais non nier la volonté qui les sous-tend, la volonté adverse, l'état sauvage. Il enferme notre sang, notre souffle, notre faim. On n'échappe pas à l'état sauvage. Il est lui aussi un symbole.

Celui qui oublie cette vérité et s'abandonne à la douceur du sommeil — à la confiante certitude que la femme et la ville ne sont pas sang, souffle, faim — se retrouvera tout aussi seul à son réveil, plus seul que jamais. Mais en plus il se sera perdu lui-même. À quoi sert de conquérir le monde si l'on doit après se perdre ? On est ensuite condamné, si l'on en a la force, à se retrouver Dieu sait où. Dans la satiété, la honte, la mort. Mais non hors de l'état sauvage.

Nous devons accepter les symboles — le mystère de chacun — avec la conviction tranquille avec laquelle on accepte les choses de la nature. La ville nous donne des symboles comme la campagne nous donne des fruits. Mais personne ne connaît ou ne possède la plante. Elle vient d'un autre monde. Elle se laisse semer, élaguer, elle se laisse abattre et brûler, mais qui peut dire que cette plante est sa chose ? Qui peut dire qu'il a touché le fond d'une autre volonté ? Parfois la destruction semble être la seule méthode. Admettons. Mais détruire une seule volonté, une seule plante, à supposer que ce soit possible, c'est peu de chose : il faudra passer à une autre, à une autre encore, et ainsi de suite à l'infini. Sottises. On obtiendra un monde désert, une steppe. Qui est d'ailleurs un autre nom pour l'état sauvage. Autant accepter le mystère et peupler la ville de symboles, et la campagne de présences. Et aimer l'ensemble, avec une circonspection désespérée.

Le manuscrit est daté : 9-11 septembre 1945. Publié dans la revue Darsena Nuova *en juin-juillet 1946.*

RACONTER, C'EST COMME DANSER

Ceux que la littérature narrative contemporaine mécontente, ceux qui au nom du passé condamnent les diverses tentatives que font nos écrivains pour plier la réalité au sens et à l'imagination n'ont désormais plus d'excuses : qu'ils ouvrent le fort volume des *Mythes et légendes* de Raffaele Pettazzoni, la superbe anthologie de fables et de récits primitifs que l'U.T.E.T. publie, intelligemment illustrée de reproductions de peintures rupestres, masques de danse, statues, monuments, objets cultuels et cartes géographiques. Ce premier volume concerne l'Afrique et l'Australie, et ses cinq cents pages condensent, en les traduisant, les commentant et en les choisissant dans la forêt chaotique de la littérature documentaire, les mythes et les récits les plus beaux et les plus significatifs que les explorateurs, les missionnaires, les ethnologues et les chercheurs de toute espèce ont recueillis sur les lèvres des sauvages d'Afrique et d'Australie — vieillards, guerriers, chasseurs, femmes et sorciers. On va des incroyables échos assourdis de l'âge de pierre, qui résonnent dans les légendes survivant parmi les Bochimans de l'Afrique (dont la civilisation remonte au paléolithique supérieur, quand furent gravées des peintures dans les cavernes cantabriques), aux récits complexes des peuples nilotico-berbères, marqués par des influences chrétiennes et islamiques, parfois même par le souvenir du nom de Rome. Pendant combien de millénaires beaucoup de ces légendes sont-elles passées de bouche en bouche pour arriver jusqu'à nous ? Le fait est qu'elles gardent une trace, un frémissement de la stupeur primordiale, de la virginité de l'homme devant le monde et les choses, et surtout devant la miraculeuse aptitude à exprimer cette stupeur pour ses camarades. Comme le dit fort bien Pettazzoni, qui a voué sa vie à l'étude de cette stupeur, *le mythe est une histoire vraie parce que c'est une histoire sacrée*, et certains de ces récits, qui ont accompagné ou glosé ou remplacé les plus anciens actes du culte, les rites magiques, les fêtes tribales, les exaltations collectives, possèdent, sous une forme naturellement très simple, une richesse de sens, de registres, d'expériences rappelant les grandes cosmogonies, les poèmes mythiques de la création qui sont nés à des époques plus proches de la nôtre et nous sont plus familiers. La première leçon que l'on retient, si l'on feuillette même rapidement ces pages, c'est la continuité fondamentale, l'identité de la race humaine, c'est la certitude qu'en nous survit encore le sauvage impulsif et tatoué des cavernes, tout comme en lui couvait déjà le froid technicien de notre époque. Des millénaires d'habitudes idéologiques, sociales, économiques sont cristallisés et préservés, avec fraîcheur et spontanéité, dans ces courts récits dont les péripéties, les personnages, la moralité sont d'une extrême vivacité. Les légendes des Bochimans et des Pygmées font vivre un monde animal et magique de chasseurs primitifs (on dirait des histoires enfantines : « ... nos mères ne voulaient pas que nous regardions les choses qui sont dans le ciel ; et elles avaient coutume de nous dire que si nous avions regardé la Lune, le gibier que nous avions abattu se mettrait à marcher lui aussi comme la Lune... Nos mères avaient coutume de nous raconter que l'eau de la Lune, au sommet d'un buisson, est comme du miel liquide. C'est elle qui tombe sur le gibier, et le gibier se dresse quand l'eau de la lune lui est tombée dessus... ») ; pour fonder un usage, une danse sacrée, un rite totémique ou initiatique, les légendes australiennes imaginent des épiphanies et des migrations tribales compliquées ; mais la richesse d'expérience vécue n'est pas moindre dans la sinistre et presque réaliste tragicomédie de l'Aveugle et de la Vieille (*La Vieille* chez les « Soudanais de l'intérieur ») non plus que la puissance biblique dans l'histoire du roi Togoa qui veut une montagne pour aller sur la Lune, puis en perd toute envie et meurt (*La tour de Babel* chez les « Bantous méridionaux »).

Au milieu d'une telle variété de contextes, de races, d'institutions et de croyances, une chose demeure inchangée : le jeu de l'imagination. C'est ici qu'apparaît l'utilité la plus immédiate, la mieux venue de ce livre. Ceux que la littérature narrative contemporaine mécontente devront réfléchir à un fait curieux : rien ne ressemble davantage aux techniques de construction malfamées dont usent nos jeunes narrateurs — mise en place sommaire, dialogues squelettiques, transitions abruptes, immersion du lecteur dans un flot rythmique et tumultueux, nature extérieure presque réduite à l'état de symbole —, rien en somme ne ressemble davantage à cette jeune littérature (à laquelle trop souvent on oppose on ne sait trop quelle « tradition » riche et bien élevée) que les mythes et les légendes de partout dans lesquels s'est exprimé oralement pendant des millénaires (n'est-ce pas là aussi une tradition ?) le jeu narratif de l'imagination. Nous insisterons surtout sur les innombrables exemples très parlants de ce que dans les autres arts on appelle stylisation, autrement dit la recherche d'un rythme, de symétries, de cadences derrière les choses et les événements de la réalité extérieure. Les masques et les danses de l'Afrique noire nous donnent une leçon. Dans ce livre, on commence par les animaux et l'on finit par les hommes, mais en tout temps, depuis les mythes de création jusqu'aux anecdotes sur la légèreté des femmes, l'imagination a instinctivement privilégié les reprises et les répétitions qui évoquent des rythmes de danse. On dirait que les sources indéniablement magiques et rituelles de la poésie, de l'art tout entier, ont également marqué la littérature narrative de cette empreinte : se mouvoir dans le sens du réel avec le rythme de celui qui exécute une danse. Dès que l'on ouvre ce livre on trouve des exemples de cette stylisation. Trois fois les filles vont au fleuve, trois fois le crocodile accourt. L'enfant trouvé traverse cinq villages et cinq maisons le chassent. Un, deux, trois, quatre chasseurs deviennent des étoiles. Quatre bêtes traversent la mer pour attraper le feu, la cinquième revient et sa queue en est encore roussie. Nous aimerions parler à nouveau de cette fort singulière et universelle structure de tout récit et de tout mythe, qui affleure à nouveau dans les recherches contemporaines. Bien des préjugés académiques, réalistes, ou tout simplement stupides, pourraient s'expliquer à cette lumière. Pour l'instant contentons-nous d'inviter les mécontents à y réfléchir, et renouvelons, à Raffaele Pettazzoni et à la maison d'édition qui en a si efficacement soutenu le travail, l'expression de notre adhésion et de notre gratitude.

Le manuscrit est daté : 8 septembre 1948. Publié dans L'Unità *de Turin, le 12 septembre 1948.*

LA POÉSIE EST LIBERTÉ

En poésie, l'inventeur d'un genre, d'un style, d'un ton, le découvreur d'une terre inconnue, est comme chacun sait plus exhaustif, plus efficace que ses épigones, que tous ceux qui, nombreux ou pas, devraient désormais en savoir bien plus long que le pionnier sur ce style, ce ton, cette terre inconnue, et qui en tout cas continuent son œuvre avec une tranquille assurance et une technique plus raffinée. On constate ici un fait qui n'a d'équivalent dans aucune autre activité humaine. Le premier qui jette un regard sur une province nouvelle et s'y engage est également celui qui sait l'exploiter le plus efficacement, et son aventure ressemble moins à un déboisement et à une mise en culture qu'à une incursion mongole, un de ces pillages après lesquels l'herbe ne repousse plus. Les cas ne manquent pas de créateurs qui étouffent littéralement au berceau leurs épigones et personne ne vient, en second, en recueillir l'héritage. On a coutume de ne revenir vers eux qu'après des siècles, quand les vicissitudes des goûts et des idéologies ont presque fait de leur œuvre un objet, une création de la nature — tout comme les intempéries transforment certains monuments — et que l'on peut s'en inspirer avec le sentiment d'une véritable découverte, comme si l'on se référait à une donnée de la nature.

Le pionnier et l'épigone. Le premier invente, comprend et passe outre ; le deuxième, touché par le fort et trouble pouvoir de séduction d'une terre jusqu'alors inconnue, y retourne et s'y attarde, il y construit sa maisonnette, plante son verger et y fait des confitures. Quelquefois il y passe toute sa vie, au milieu du respect et des applaudissements de son prochain, sans s'apercevoir qu'il manque à ses confitures le goût de la terre, de l'eau et du ciel. C'est un homme de lettres. Presque toujours il le sait et il s'en vante. Cela vaut mieux d'ailleurs que s'il désespérait de lui : l'homme de lettres qui désespère de lui, autrement dit qui commence à se plaindre, ne devient pas un poète mais simplement un plus mauvais lettré.

Le poète, disions-nous, invente, comprend et passe outre. Mais ce n'est pas non plus une partie de plaisir. À chaque étape de son travail, de sa conquête, l'attend le danger d'une Capoue littéraire. On peut toujours devenir son propre épigone : céder à la tentation de s'arrêter plus qu'il ne faut pour exploiter un pays déjà connu et conquis. Le drame, c'est qu'alors qu'un homme de lettres n'a pas besoin d'être autre chose qu'un lettré, un poète doit être *aussi* un lettré (un homme de culture, en fonction de son époque) et maîtriser d'une main ferme cet amalgame d'habitudes et de complaisances qu'est la littérature de son temps. Son cheminement est celui des âmes sur le pont du Paradis : un fil de rasoir ou, si l'on préfère, une bave d'araignée.

Qu'est-ce que cela veut dire qu'un poète s'arrête plus qu'il ne faut pour exploiter une terre ? Cela veut dire qu'il fait semblant de *ne pas savoir ce qu'il sait déjà.* La source de la poésie est toujours un mystère, une inspiration, une perplexité émue devant un irrationnel, une terre inconnue. Mais l'acte poétique — s'il est permis de faire ici des distinctions, de séparer la flamme de la matière ardente —, c'est une volonté absolue de voir clair, de réduire à la raison, de savoir. Le mythe et le logos. Celui qui dans son inspiration a vu une fois l'extatique merveille de l'être, qui l'a transformée en paroles, en discours, en l'articulant dans le temps et dans l'espace, doit se résigner et, au sujet de ce mythe, ne pas simuler une virginité qu'il a perdue afin de goûter à nouveau au voluptueux tourment. À supposer bien entendu que son regard, sa transformation du mythe en représentation aient été exhaustifs et souverains (et ce regard n'est jamais foudroyant ; il y faut des journées et même des années d'efforts et de pénibles recherches). Il peut alors s'estimer quitte et attendre l'esprit tranquille que du fouillis de la conscience, du souvenir et de la macération lui viennent une nouvelle virginité, une nouvelle inspiration, un nouveau mythe. Pour l'instant il doit s'estimer quitte. Ou alors, s'il feint de ne pas savoir ce qu'il sait déjà, titiller un mystère devenu public et se transformer en lettré.

Il n'est pas facile de dire quand le poète doit s'arrêter. En général l'étonnement lui vient à l'improviste des profondeurs, et l'image créée — le premier butin de la terre inconnue — a des racines si tendres et si sensibles dans sa substance spirituelle que s'en détacher veut dire se meurtrir, demeurer vide comme une coquille que l'on a sucée. En général l'aptitude à la stupeur, la richesse mythique, est en chacun une qualité finie, limitée. S'il n'existe pas d'esprit qui ne puisse, en se recueillant, saisir au fond de lui une lueur de mystère, une aptitude même faible à la poésie (c'est sur cela qu'est fondée la lisibilité universelle des poètes), en revanche le créateur pour lequel cette lueur s'étend irrésistiblement jusqu'à former un paysage complexe, une province multiforme, accidentée, inépuisable, est à chaque fois une exception, il est lui-même un prodige. Ajoutons que la transformation en représentation, en vision claire, en connaissance mondaine d'une intuition mythique, extatique et brûlante, n'est possible qu'au prix d'une technique froidement maîtrisée, d'une expérience culturelle portant sur d'anciennes transformations de vieux mythes en un monde organique et rationnel, que si en somme est acquise l'expérience d'extases passées propres à autrui et déjà devenues littérature. En un sens le poète authentique ne peut pas ne pas être le plus cultivé de ses contemporains lettrés. Aussi le danger de s'abandonner à des habitudes et des complaisances, de simuler inspiration et virginité, de prendre le raccourci d'un style *donné* — de voir du mystère là où il n'y a plus de mystère — est d'autant plus immédiat pour le poète authentique qu'est plus grand le nombre de chemins commodes qu'il connaît, déjà ouverts, déjà aplanis, et que lui paraît plus escarpé, plus rare le chemin de l'inconnu, de l'informe, de l'inexprimé.

Il va de soi que les hommes de lettres accomplissent eux aussi une œuvre utile et rien n'est plus dénué de sens que la croisade romantique pour les exterminer et les humilier. Tout d'abord parce que les plus grands poètes plongent leurs racines dans le terreau et dans le fumier de la littérature, qu'ils en sont nourris et dans une large mesure lui doivent leur substance, mais surtout parce que les lettrés constituent la charpente du public qui écoute les poètes et qu'ils donnent une voix et un sens aux aspirations et aux réponses de ce public naïf. Ce qui a été vu et rendu clair par le poète — les proies attrapées dans le pays inconnu — ressemble à la faune de la savane et de la jungle que le chasseur a capturée et qu'il transporte dans un pays civilisé. Ces créatures étranges, encore pénétrées d'une farouche et primordiale frayeur, il faut les mettre en cage, les montrer, les expliquer, les faire vivre parmi nous. Inutile de rester sur la réserve. S'il était possible de répandre parmi nous les chefs-d'œuvre poétiques et de les isoler en faisant taire toute autre voix, tout commentaire, toute vulgarisation, ce serait exactement comme remplir les carrefours de fauves féroces et ombrageux et se servir des cages pour emprisonner les dompteurs et les gardiens. Ensemble disparaîtraient la vie civilisée et les fauves, ou plus précisément on assisterait à une nouvelle partie de chasse avec gaspillage de vies, de temps, et pour la plus grande indignation des chasseurs eux-mêmes. Il vaut mieux admettre que tant que le monde produira de la poésie — tant qu'arriveront de l'inconnu des monstres enchanteurs ou atroces — la tâche de l'homme civilisé sera d'en peupler le zoo et de leur donner un nom et une cage — d'en faire de la littérature.

Encore faut-il que ce soient vraiment des monstres,

des mythes incarnés, des découvertes. Pas des bassets ou des dindons. Le monde est plein de chimères et de surprises, mais seules les vraies intéressent le poète, et elles ne nous intéressent que quand celui-ci a réussi à les contraindre à révéler leur nom. Or tout le monde ne se rend pas compte de ce que cela implique.

Ce n'est pas rien ! *En tant que tel,* le poète travaille et découvre dans la solitude, il s'isole du monde et ne connaît d'autre devoir que sa lucide et furieuse volonté de clarté, de démolition du mythe entrevu, de réduction de ce qui était unique et ineffable à une mesure humaine normale. L'extase, l'amas confus sur lequel se fixent ses regards doit être tout entier contenu dans son cœur, il doit filtrer par un imperceptible processus qui remonte au moins à son adolescence, à la manière dont lentement s'agglomèrent les sels et les sucs d'où, paraît-il, naissent les truffes. Rien de préexistant, aucune autorité extérieure, aucun guide ne peut par conséquent l'aider ou le conduire dans la découverte de la terre nouvelle. Celle-ci est désormais en lui, aussi charnellement liée que le fœtus à l'utérus. S'il est vraiment en train d'amener à la clarté un *nouveau* thème, un *nouveau* monde (c'est à cette seule condition qu'il est poète), personne d'autre ne peut être par définition au courant de ce thème, de ce monde en gestation, si ce n'est lui qui en est l'arbitre. Les conseils et les sollicitations qui lui parviendront de l'extérieur seront inévitablement le fruit d'une expérience déjà donnée, ils reflèteront une thématique et un goût qui existent déjà, autrement dit ils feront pression pour que le poète exploite un pays déjà connu, pour qu'*il fasse semblant de ne pas savoir ce qu'il sait déjà.*

Bref, les interventions pratiques ou théoriques, même si elles émanent d'un aréopage des collègues les plus compétents, des lecteurs les mieux disposés ou des autorités les plus vénérables, ne peuvent tendre qu'à repousser le poète vers la *littérature*, à l'empêcher de remplir sa tâche spécifique de conquérant d'une terre inconnue. La contrainte idéologique qui s'exerce sur l'acte poétique ne peut que transformer les léopards et les aigles en agneaux et en dindons. En d'autres termes, elle instaure l'Arcadie[1].

C'est ici qu'apparaît l'importance de la culture du poète et de l'impératif en vertu duquel il doit dans la vie quotidienne s'efforcer d'être le plus cultivé de ses contemporains. Si le poète recherche vraiment la clarté, s'il a pour objectif d'exorciser ses mythes en les transformant en représentations, il ne faut pas se cacher qu'il ne pourra prétendre avoir atteint ce but que lorsque cette clarté sera effective pour tous, qu'elle sera en somme un bien commun dans lequel la culture générale de son époque pourra se reconnaître. Qu'est-ce que cela veut dire si ce n'est que le style, le ton, le pays qu'il aura découverts, s'inscriront naturellement dans le panorama historique de sa génération et contribueront à en définir le nouvel horizon, le degré de conscience, car ils seront le fruit d'une authentique stupeur que seuls les moyens d'enquête les plus avancés, les plus audacieux auront permis de transformer en discours humain ? Mais, attention, une

1. Courant littéraire très en vogue en Italie pendant la première moitié du XVIIIe siècle. En réaction contre les excès du baroque, ce mouvement prétendait revenir à la nature et à une simplicité dont la vie des bergers d'Arcadie leur semblait être un modèle. *(N.d.T.)*

authentique stupeur veut dire une stupeur authentique, sans tricherie, en somme un résidu irrationnel qui apparaisse tel, même à la lumière de la théorie la plus scientifique de l'époque. Avant d'être des poètes, nous sommes des hommes, c'est-à-dire des consciences qui ont le devoir, en se mettant à l'école sociale de l'expérience, de parvenir à la plus grande lucidité possible. En revanche, tous les conseils, les mises en garde que les responsables d'une génération adressent aux poètes *en tant que tels,* sont à tout le moins superflus, extérieurs, indécents, comme les conseils que la mère avait coutume jadis de donner à sa fille la veille de ses noces. Le véritable poète se les est déjà adressés tout seul en devenant cultivé. Il vaut mieux inciter vigoureusement à la culture et à la lucidité les candidats à la vie sociale — jeunes lettrés, ingénieurs, séminaristes —, et leur inculquer l'idée que la seule et unique orientation de la vie intérieure, c'est l'inlassable démolition des mythes, la transformation de toute perplexité de stupeur en clarté. Puis, si l'un d'entre eux annonce qu'il veut être poète et que cet espoir paraisse raisonnable, le laisser plonger dans le gouffre de son inquiétude et attendre d'en voir les effets. Personne d'autre que lui ne peut trouver la juste voie car il est le seul à connaître le but.

Le manuscrit est daté : 31 décembre-8 janvier 1949. Publié dans Il Sentiero dell'Arte, *Pesaro, 15 mars 1949. Par la suite Pavese apporta de légères corrections à son texte pour le publier dans* Cultura e Realtà *où il sortit à titre posthume, dans le n° 2 (juillet-août 1950). La rédaction que nous reproduisons est celle qui a été corrigée.*

RACONTER EST MONOTONE

Notre définition du mythe implique qu'on ne puisse en parler que s'il incarne une réalité insaisissable par d'autres moyens. Mais il en existe toute une catégorie où la réalité est parfaitement saisissable si l'on n'oublie pas qu'elle dépasse la sphère individuelle et rappelle une expérience collective, en d'autres termes elle est saisissable pour ceux qui recueillent le matériau changeant des sédiments successifs accumulés par un groupe humain entier. Dans cette réalité, la part d'irrationnel, c'est-à-dire d'insaisissable, qui néanmoins demeure, n'est telle que parce que l'individu n'a jamais fini de sonder la matière et que par conséquent il n'arrive pas à coïncider avec le groupe entier. Tels sont par exemple les drapeaux, les slogans symboliques, les liturgies.

Peut-il cependant exister un mythe, c'est-à-dire un symbole, totalement individuel ? Certainement et le problème est uniquement de savoir comment il prend forme dans l'art narratif.

Bien que l'art et la *mythopoeïa* soient des choses différentes, nous ne croyons pas qu'un récit puisse être vivant sans un fond mythique, sans quelque chose d'insaisissable dans sa substance. La raison ultime — c'est aussi la première — pour laquelle on en vient à composer une fable, c'est le besoin d'amener à la clarté l'indistinct-irrationnel qui couve au fond de notre expérience. Cette clarification n'est jamais totale, autrement elle ne donnerait naissance qu'à des concepts et des abstractions : science ou philosophie. Lorsqu'on raconte, on ne sort pas du gouffre de la naturalité, de même qu'en nageant on ne sort pas de l'eau, et la masse indistincte de l'eau soutient et détermine nos mouvements, elle leur donne un sens et un but. La clarté du récit correspond à la fonctionnalité de la nage : des gestes nets et précis qui se modèlent sur l'eau indistincte et la modèlent en cercles, en élans, en jeux d'écume. Devons-nous conclure que dans le récit tout est *style*, exactement comme dans la nage ? Bien sûr, si par style on entend la composition d'ensemble : mots, transitions, découpage des scènes, caractères, cadences et reprises. Un symbole dont ne soit pénétré tout le style d'un récit, qui n'aille jusqu'à se manifester même dans la ponctuation ou dans le rythme direct-indirect du discours, n'est pas un symbole mais simplement une allégorie, froide et arbitraire. Aussi les récits les plus symboliques, les plus imprégnés de mythe — comme est imprégné de sel le nageur — sont-ils ceux qui en apparence n'ont pas un sens second affleurant çà et là, mais sont plutôt un bloc compact de réalité, autosuffisant, tout au plus accessible à d'innombrables sens qui le concernent et l'imprègnent complètement. On trouve un bon exemple de ce que nous entendons par ce genre de *couleur symbolique* dans n'importe quelle fable de type populaire ou sauvage ; dans leur étrange composition cadencée en vertu de laquelle une même aventure est tentée par trois, quatre héros ; chacun d'eux rencontre trois ou quatre cas symétriques ; chacun de ces cas est construit sur des rythmes bizarres — l'écrevisse, la tortue, le crocodile — et l'on finit par se dire que tous ces retours, ces reprises, n'ont pas d'autre sens que celui des cercles d'écume dans l'eau. Est-ce bien vrai pourtant ? Ou bien la sobre et sommaire réalité qu'un rythme modèle et façonne de la sorte n'est-elle pas plutôt la réalité normale élevée à la sphère du mythe, un sceau, dont valeur et signification demeurent obscures, imprimé à des faits en eux-mêmes grossiers ? Bien entendu, parmi toutes les démarches symboliques, c'est la plus immédiate et la plus primitive, et nous ne prétendons pas que le salut de la littérature narrative soit dans les fables magiques : elles indiquent simplement — à l'état pur — une tendance de l'imagination et, comme école de stylisation, elles équivalent à la plastique et à la statuaire sauvages qui, dans leurs domaines respectifs, recourent à des solutions analogues.

Essayons de voir comment la même circulation d'un sang mythique peut nourrir les tissus de la complexe littérature contemporaine. Cela doit s'être produit et se produire de manières fort variées, car il n'est pas rare que cette littérature touche à la poésie et, d'après nous, il n'y a poésie que là où la page vibre de la tension d'un mythe (ce que l'on appelle l'inspiration). Il est évident que la tension mythique veut dire la joyeuse certitude d'une réalité plus riche sous la réalité objective — la présence indistincte du nageur dans l'eau — et cette présence s'exprime par des tourbillons, des jeux d'écume, des affleurements. Peut-on concevoir qu'il y ait symbole, c'est-à-dire présence mythique, même dans l'art désormais séculaire du vérisme qui semblerait plutôt voué à l'univocité la plus plate ? Sans doute aucun, tout d'abord parce que l'inspiration vériste est la célébration d'un mythe collectif grandiose — le caractère mécanique de la nature — qui, à travers le rituel de l'expérience et de la recherche des causes, nous élève au-dessus de nous-mêmes et nous place devant une réalité pleine de sous-entendus. Mais ce mythe prend également des formes différentes suivant les individus qu'il touche, et rien n'est plus suggestif que d'écouter les résonances — les résistances — du matériau indistinct à l'intérieur duquel se déroule la succession individuelle des causes et des effets. Un vrai narrateur, fût-il vériste, explique et justifie dans la mesure de ses moyens, mais ce qui est étonnant de force symbolique, c'est justement la résistance du fond, la dureté plus ou moins impénétrable des choses, qui font que la narration — la nage — vériste devient un intense et implacable corps à corps avec l'ombre, avec le monstre, avec le néant de l'indistinction. C'est justement ce qui demeure inexpliqué et inexplicable dans le récit vériste qui en détermine le style, le jeu d'écumes et de couleurs symboliques.

La richesse mythique, individuelle et collective, du récit vériste est désormais un bien commun à tous nos contemporains car on n'échappe pas au mythe de la science, sauf en acceptant la foi dans un dynamisme magique ou dans la libre volonté divine (bien que l'acte divin soit dans une large mesure devenu cosmos, c'est-à-dire système mécaniste). Nombre de récits du passé, propres à des époques magiques ou divines, s'attachaient déjà à l'observation réaliste des causes et des effets, mais ils n'excluaient pas que, lorsqu'on remontait vers les raisons ultimes, plus précisément vers les « vertus » des choses ou les signes de la volonté divine, la tension joyeuse et éclairante du mythe s'exprimât dans des symboles stylistiques plus aisément reconnaissables comme tels, plus immédiatement mythologiques selon le sens courant du terme. Nous devons apprendre à connaître ces écumes changeantes pour ce qu'elles sont, et surtout ne jamais perdre de vue que plus on remonte dans le temps, plus il est difficile de détecter sous le dessin des grands symboles collectifs les mythologies individuelles des créateurs. Ce n'est que chez les contemporains que tout nous semble création individuelle, entre autres parce que jusqu'à il y a quelques siècles l'acceptation *doctrinale* de toute une mythologie collective (critère de l'imitation d'une œuvre à l'autre et de l'hétéronomie de l'art) avait encore une force objective. Dans cette optique, seul l'art ancien serait vraiment symbolique ou mythologique tandis que le nôtre serait un compromis discutable avec la science, ce qui est une erreur évidente.

Sans mythe — nous l'avons déjà dit — il n'existe pas de poésie : il lui manquerait l'immersion dans le gouffre de l'indistinct, condition indispensable de toute poésie inspirée. Nous ne voulons pas tenter ici une typologie de l'inspiration, des symboles narratifs de notre époque, qui aboutirait à une histoire, sans doute sommaire, de toute la littérature narrative contemporaine ; nous tenons simplement à rappeler que dans chaque culture, pour chaque individu, le mythe est de par sa nature monocorde, récurrent, obsessionnel. En poésie, comme dans les actes du culte, la réelle monotonie ne blesse pas les croyants mais les tièdes. Il est nécessaire d'y croire, autrement dit de ne pas avoir encore pris la mesure critique du mythe inspirateur. D'ailleurs parler de style c'est comme parler de cadence, de rythme, de répétition obsessionnelle du geste, de la voix et de sa propre position dans la réalité. La beauté de la nage comme de toutes les activités vitales, c'est la récurrence monotone d'une position. Raconter, c'est sentir dans la diversité du réel une cadence significative, l'insoluble monogramme du mystère, le pouvoir de séduction d'une vérité toujours sur le point de se dévoiler et toujours fuyante. La monotonie est un gage de sincérité. Chacun a son gouffre et il suffit qu'il soit vivifié par la plus forte tension dont sa conscience est capable : raconter, cela voudra dire lutter pendant toute une vie contre la résistance de ce mystère. Il est rare qu'un créateur ait le temps de dissoudre son mythe et de devenir la proie d'un autre ; ce mythe est trop intimement lié à ses facultés — souvenirs, habitudes, choix — pour qu'il parvienne à l'abolir totalement, malgré ses plus grands efforts stylistiques pour en venir à bout. Ce serait dans une large mesure comme s'abolir soi-même. Si le mythe ne se transformait en style, s'il ne vivait par lui, on pourrait peut-être au cours d'une vie le dépasser, mais alors il serait un simple stade de la connaissance, un principe ou une formule de la réalité. Ce qu'il est également mais pas uniquement, toutefois un mythe de connaissance n'est encore que peu de chose, il faut le vivre.

Naturellement il arrive que certains narrateurs *pensent* la réalité d'une certaine façon, ils l'expliquent suivant un système donné, mais ensuite la formule *stylistique* par laquelle ils l'expriment dans le récit est tout à fait différente, elle présuppose des choix, des souvenirs, des perplexités sans solutions. Il va de soi que cette vérité reconnue ne mord pas à fond, elle ne les fait pas du tout vivre. Ordinairement, les déclarations explicites d'un narrateur — de tout homme — nous renseignent peu sur son mythe, sur le sens de ses symboles ; il est évident que si l'auteur voyait parfaitement clair dans le jeu de sa mythologie, celle-ci ne serait plus qu'un jeu, une science *a posteriori*, elle perdrait cette irréductibilité qui la fait justement se revêtir de symboles.

Il existe, à ce propos, toute une aimable tribu de narrateurs qui appliquent sans trop y croire les procédures symboliques du passé, magie, volonté divine. Habituellement ils le font avec ironie (Cabell), quelquefois avec ostentation (Powys, Yeats, Lisi), très rarement avec poésie (Kafka). Ils représentent dans leur ensemble une incarnation moderne du « merveilleux » des poèmes chevaleresques qui a survécu, bourgeoise nostalgie formelle pour un monde expressif prélogique. Il faut un robuste et honnête bon sens pour ne pas s'y abandonner en confondant la forme et la substance. Une figure mythique ne comporte pas toujours l'indication explicite de sa nature ; s'il en était ainsi, cela seul la rendrait suspecte : une solution symbolique n'est sincère qu'en tant qu'elle a englobé tout le savoir de son époque et qu'elle demeure ambiguë malgré son effort de ratiocination. Le vérisme irréductible et têtu de Dreiser a sans doute beaucoup plus contribué à la création d'un mythe narratif américain que le vain médiévalisme de Cabell ou l'irresponsable lyrisme psychologique de Saroyan. Mais à l'heure actuelle, même les solutions de Dreiser — le titan, la tragédie américaine — sont devenues de l'histoire, elles servent à définir des faits sociaux mais ne peuvent plus se présenter comme le style d'une authentique inspiration.

Quand un mythe est tellement entré dans le domaine courant qu'il sert à la définition de faits sociaux, il a perdu son ingénuité, il subsiste comme tension d'*une* conscience, d'*un* moment qui l'ont créé ; nous pouvons encore replonger dans ces eaux et en ressentir le choc, la fraîche élasticité, mais nous ne pouvons plus sérieusement reprendre ce style de nage et modeler sur lui notre expérience. Il va de soi que certains styles souverains, certains nœuds complexes d'expérience humaine conservent un charme irréductible même à notre science la plus aguerrie : cela veut dire tout simplement qu'en eux l'organe mythique a été tellement radical, il a pris des formes si riches qu'il renaît à chaque nouveau contact et rend caduques nos expériences postérieures. Leurs représentations, leurs cadences — leur poésie en un mot — ne deviennent pas facilement la définition de faits sociaux ou, si elles le deviennent, c'est en perdant leur moelle la plus précieuse. Mais on peut imaginer que l'évolution et l'enrichissement de la connaissance expérimentale et rationnelle réduiront progressivement à l'état de simple document même les plus vertigineuses créations poétiques d'hier et d'aujourd'hui. Bien entendu, cela ne veut pas dire pour autant que l'aptitude à sentir de nouveaux mythes et à en forger de nouvelles représentations fera défaut dans les siècles à venir.

Le manuscrit est daté : Varigotti 6-12 août 1949. Publié à titre posthume dans Cultura e Realtà, *n° 2.*

LA POÉTIQUE DU DESTIN

Dans le dialogue *Les muses*[1] la poésie est définie : il est dit entre autres de chaque geste que l'homme accomplit qu'il « répète un modèle divin » et que, jour et nuit, l'homme n'a pas un instant « qui ne jaillisse du silence des origines ». Mnémosine invite Hésiode à rapporter ce message aux mortels : ainsi naît la poésie. Dans le dialogue conclusif, où l'on parle somme toute de théogonie, il est encore question de poésie : « Avec un simple nom, ils racontaient le nuage, le bois, les destinées. »

Ces dialogues et le texte *État sauvage* (« nous devons accepter les symboles — le mystère de chacun — avec la conviction tranquille avec laquelle on accepte les choses de la nature. La ville nous donne des symboles comme la campagne nous donne des fruits ») anticipent le thème le plus audacieux de cette poétique : l'élargissement à l'ensemble des rapports humains (« les destins », « la ville ») de la doctrine du schème mythique, de la contemplation intemporelle de l'expérience[2], qui jus-

1. *Dialogues avec Leucò*, Einaudi, Turin 1947. *(N.d.E.)*
2. Cf. *Mythe, symbole et autres sujets. (N.d.E.)*

qu'à présent paraissait ne concerner que la mémoire enfantine ou la formation de certains symboles naturels universels (« le nuage », « le bois », « la campagne »). Cette limitation au domaine naturel risquait de simplifier à l'extrême le monde de la poésie et elle ne suffisait plus à rendre compte de la majeure partie de ses thèmes. La présente découverte que réduire une vie humaine à un destin équivaut en substance à la réduire à un symbole, un mythe, ni plus ni moins qu'un objet naturel « sacré », complète sur le plan de la lucidité théorique les ébauches des dialogues et de *État sauvage.* Il est clair désormais que non seulement cette poésie, mais aussi la poétique qui la justifie se donnent comme tâche de réduire le monde humain rationnel à ce schème démonique que l'on appelle destin. Sans renoncer à l'exigence mythique de sentir la dimension sauvage, divine, des plantes, des eaux, des rochers et des pays (*Les muses)*, il faut avoir le courage de regarder du même œil les hommes et leurs passions (*État sauvage*). Mais la tâche est difficile, elle est malaisée : les hommes n'ont pas la fixité de la nature, sa disponibilité à l'interprétation, son silence. Les hommes vont au-devant de l'imagination en s'imposant, en s'agitant, en s'exprimant. La poésie dont nous parlons a essayé de diverses manières de les pétrifier, en les isolant dans leurs moments les plus naturels, en les immergeant dans les choses, en les réduisant au destin. Mais dans cette poésie, les hommes parlent, parlent : en eux l'esprit se débat, il affleure. En cela résident sa tension, sa richesse et en même temps ses risques. Car cet esprit inquiet qui perturbe la fixité des symboles naturels, le poète le subit, il voudrait ne jamais le rencontrer. Il est juste que le poète aspire à l'immobilité naturelle et sacrale, au silence, a la mort; à faire des passions humaines des mythes polyvalents, éternels, intangibles. Et sans cesse la résistance du matériau — la réalité — le frustre. D'où la poétique du destin.

Qu'est donc ce destin? Si les gestes, les paroles, la vie humaines sont vus, eux aussi, comme un symbole, un mythe, cela veut dire qu'ils prennent forme comme existant hors du temps et en même temps découverts à chaque fois comme uniques, comme révélés pour la première fois. Une vie semble destin quand de manière inattendue elle se révèle exemplaire et fixée depuis toujours. Du fouillis du banal-imprévu émerge une représentation essentielle-familière. Mais alors que les différentes formes de la nature entrent aisément dans ce schéma, les actes humains résistent en vertu d'une forte incompatibilité : il s'agit rien moins que de notre liberté, de l'irréversibilité de l'histoire; ce que l'homme fait devient immédiatement du passé et le lendemain est à nouveau ouvert à toutes les imprévisibles initiatives de la liberté humaine. Ce n'est pas le cas pour la nature, à ce qu'il semble : dans la nature les saisons, les germinations, les neiges et les marées sont toujours prévisibles, exemplaires comme la première fois, réductibles à un mythe (d'où pour cette poétique et pour ce poète la fascination qu'exercent les fables sauvages où les phénomènes naturels et les faits humains se produisent toujours, ou semblent se produire, la première fois, comme des mythes incarnés qu'ils sont).

Une poétique est simplement la traduction en termes normatifs et conceptuels des schèmes de l'imagination dont un poète est convaincu de disposer.

Mais comme il doit, ainsi que nous l'avons noté plus haut, maîtriser toute la culture de son époque, tout poète conscient — et donc également celui dont nous parlons — présume que sa poétique trace les limites de l'horizon offert à l'imagination et compatible avec les connaissances de son époque, et que par conséquent n'importe lequel de ses contemporains tend vers le même horizon, à travers la forêt des ignorances et des divers obstacles pratiques ; il présume en somme que sa formule peut valablement définir l'aspiration de toute la poésie, y compris celle du passé qui, dans la mesure où elle est connue, ne peut que culminer dans la culture présente. Nous dirons donc que cette poétique ramène tout effort créateur à la lutte entre la liberté humaine et la mythique fixité naturelle. Les différentes «poésies» seront des degrés différents de la réduction du comportement humain à un destin.

Lyrisme, dimension cosmique, stylisation, chant, universalité de l'imagination sont d'après nous des expressions moins heureuses que celle de destin. Cette dernière met l'accent sur la tension vitale de la poésie, sur son équilibre paradoxal entre la liberté imprévisible de ses moments et la cadence exemplaire de son rythme (non sans se référer, *en passant*, à son ambiguë et lointaine genèse magico-rituelle). Un destin n'est rien d'autre qu'un rythme, une cadence de retours prévus dans le jeu d'une liberté tendue à l'extrême. Le sujet d'une œuvre de poésie (nous entendons le vrai, l'irréductible lien entre les événements : la trame, elle, existe toujours, même dans une arabesque) rappelle la sentence d'un oracle : elle est claire-obscure comme la sentence d'un oracle. Et le destin, à cette époque, c'était justement ce qu'un oracle pouvait prévoir et ordonner à propos d'une vie humaine. On peut dès lors définir le poète comme l'oracle de la vie de ses héros ; par héros, nous entendons naturellement même les personnages les moins importants de la fable puis, dans l'ordre, non seulement les humains mais les bêtes et les choses, et non seulement les choses mais les qualités (par exemple les couleurs) et les rapports, en somme tout élément auquel peut arriver quelque chose dans l'espace d'une phrase.

Nous sommes convaincus qu'il n'y a pas de saut qualitatif entre une œuvre achevée et son synopsis (le sujet) : de résumé en résumé, le dernier augmentant toujours d'intensité et de richesse, on peut remonter sans fracture de la simple phrase oraculaire qui contient *in nuce* toute une œuvre à l'œuvre elle-même. Cette observation est importante parce qu'elle relie directement le déploiement complet de la poésie au noyau mythique qui l'informe : ce noyau — un destin entrevu dans l'indifférente réalité — est par définition un moment oraculaire de vision suprême et de béatitude, qui n'est pas formé mais formant. Chemin faisant, ce sont les décisions de la froide intelligence qui orientent, choisissent, refusent les moyens expressifs, de manière à ce que la stupeur immédiate devant le mythe-destin ne perde ni sa vitalité ni son efficacité. À travers les mille incidents de cet effort d'exclusion et de purification, le destin tout entier entrevu au départ s'articule et prend corps dans la fable achevée.

Le manuscrit est daté : 13 janvier 1950. Inédit.

LE MYTHE

Aujourd'hui, le mot *mythe* est à juste titre passablement discrédité. Si toutefois nous l'utilisons pour désigner cette image intérieure extatique, embryonnaire, lourde de développements virtuels, qui est à l'origine de toute création poétique, nous ne croyons pas parler un langage mystique ou esthétisant. Nous condensons simplement en un mot une analyse historique complexe et une poétique à laquelle nous croyons et que cette analyse appuie et justifie.

Chaque fois qu'il nous arrive de remonter le temps jusqu'au début d'un âge poétique, nous rencontrons le vrai mythe. Lorsque nous parcourons à rebours le cheminement de la civilisation de n'importe quel peuple, nous voyons ses divers modes d'expression prendre de plus en plus les couleurs du mythe, jusqu'à ce qu'arrive enfin la phase où rien ne se fait ni ne se pense, dans le monde de la tribu, qui ne relève d'un modèle mythique. Que signifie cette dépendance ? Les diverses coutumes quotidiennes et festives, le langage, les techniques, les institutions et les passions, tout prend modèle sur des événements arrivés une fois pour toutes, sur des schémas divins qui sont à l'origine de toute activité, et pas dans un sens uniquement temporel : pour se produire, quelque chose a besoin de s'être déjà produit, d'avoir été fondé hors du temps. Le mythe est ce qui se produit-reproduit une infinité de fois sur la surface de la terre et qui pourtant est unique, hors du temps, exactement comme une fête régulière se déroule à chaque fois comme si c'était la première, en un temps qui est le temps de la fête, du non-temporel, du mythe. Avant d'être fable, merveilleuse aventure, le mythe fut une simple norme, un comportement significatif, un rite qui sanctifiait la réalité. Et ce fut aussi l'impulsion, la charge magnétique qui était la seule à pousser les hommes à l'œuvre et à la tâche.

Tout ceci n'est pas nouveau. La recherche ethnologique l'a établi à travers des discussions passionnées et pédantes, et le point crucial, explicite ou implicite, des discussions a été le prélogisme supposé des primitifs, le problème de savoir si nos ancêtres pensaient suivant des schémas conceptuels et une loi de causalité ou plutôt selon une loi mystique de participation, en fonction de la magie ou du bon vouloir des esprits. Certains se sont même demandé si ces gens ne disposaient pas réellement de pouvoirs surnaturels et méta-empiriques, si en somme la sorcellerie n'était pas une chose sérieuse.

Notre impression est que, comme toujours, l'inventeur de la question a été le plus lucide de tous. « … les premiers hommes, en tant qu'enfants du genre humain, n'étant pas capables de former les genres intelligibles des choses, éprouvèrent naturellement la nécessité d'en forger les caractéristiques poétiques qui sont des genres ou des universaux de l'imagination permettant de ramener à certains modèles ou à des figures idéales toutes les espèces particulières ressemblant chacune à un genre déterminé... » (*La scienza nuova*, deuxième édition, axiome XLIX). Cette première description classique de la mentalité primitive nous paraît, encore aujourd'hui, la plus convaincante. Si de surcroît nous y ajoutons l'autre axiome (XLVII) suivant lequel « ... le vrai poétique est un vrai métaphysique, au regard duquel le vrai physique qui ne s'y conformerait pas doit être tenu pour faux... », nous pourrons considérer que Vico a réellement vu le problème dans tous ses aspects ; et si nous lisons, comme il est juste de le faire, mythique là où il écrit poétique, nous aurons mis fin à bien des discussions contemporaines mal formulées. Ce que Vico appelle les universaux de l'imagination sont à l'évidence les mythes : à travers eux, les enfants, les primitifs, les poètes (tous ceux qui ne pratiquent pas encore ou pas complètement le jugement rationnel, l'« humaine philosophie ») saisissent la réalité tant théorique que pratique. Vico fut le premier à remarquer et à interpréter le fait évident que *toute* l'existence des primitifs (les « peuples héroïques ») se modèle sur le mythe. Or cette attitude humaine fondamentale, cette réduction de « toutes les espèces particulières » à « certains modèles », « à des genres de l'imagination » n'est rien d'autre que l'attitude religieuse.

Interprétant la pensée de Vico, certains ont considéré que la nouveauté de cette science était essentiellement la découverte de la catégorie esthétique. Nous n'en sommes pas convaincus. Dans la mesure où il identifiait et soumettait à examen un moment entier de cette « histoire idéale éternelle » — période où la pensée ratiocinante, méthodologique, n'est pas encore née — après laquelle se développe dans le temps l'histoire des nations, Vico ne pouvait pas ne pas rencontrer la nature de la poésie, l'imagination créatrice, mais son enquête passionnée aboutit à autre chose. Ce n'est d'ailleurs pas un hasard s'il a tendance à se servir des documents de l'imagination héroïque (depuis les hiéroglyphes et les blasons jusqu'aux poèmes) pour rendre plus claires les réalités juridiques, politiques, morales, économiques et cultuelles de ce monde. Partant du noyau embryonnaire des mythes (qui exaltent et persuadent leurs croyants, c'est-à-dire les poussent à l'action), il en vient à décrire une civilisation héroïque idéale. Et, bien que cette civilisation, fécondée par le germe religieux du mythe, ait donné naissance à une poésie vigoureuse, il ne s'attarde pas à définir l'autonomie de la poésie : il ne croit pas à cette autonomie. C'est que, même dans l'« idéal et éternel » processus de la création poétique, un moment mythique est plus que jamais implicite — ici le mythe est ce que l'on appelle l'inspiration, le noyau de l'intuition —, et ce moment religieux, qui dans les autres activités de l'esprit a désormais profondément changé ou disparu, ne survit, immédiat et inéliminable, que dans celle de l'imagination.

À ce concept de mythe nous sommes arrivés en méditant justement sur un fait religieux. Il nous est arrivé de nous demander ce que représentait pour le fidèle un sanctuaire, en quoi une montagne sacrée différait pour lui des autres collines, et notre réponse fut précise : le sanctuaire est le lieu mythique où s'est produite un jour une manifestation, une révélation du divin (*tactus de coelo* : la foudre y est tombée) ; le lieu unique entre tous où le fidèle participe en quelque sorte, par sa présence, son contact, sa vue, à l'unicité de cette révélation qui se multiplie dans le temps, justement parce qu'elle a eu lieu la première fois hors du temps et qu'elle fonde par conséquent toute la réalité mythique de la montagne. Qu'éprouve le fidèle au contact de la colline sacrée ? Le temps s'arrête pour lui, en un instant vertigineux il contemple, il sent l'unicité du lieu, symbole incarné de sa foi, noyau central de toute sa vie intérieure. La qualité de l'objet mythique importe peu, liturgie complexe ou simple rocher, car il n'*exprime* pas, il *est* le divin, « vrai métaphysique ».

Indépendamment de toute pratique religieuse, il y a quelque chose dans notre expérience qui rappelle cet instant : un universel de l'imagination qui inspire une passion analogue à chaque individu (en cela réside sa différence avec le mythe religieux qui est toujours collectif). Les mots de Vico s'adaptent également parfaitement à cette situation : « ... les premiers hommes, en tant qu'enfants du genre humain... » De l'enfance, des premières années, de tous les instants de contact fondamental avec les choses et le monde qui trouvent l'homme désarmé, ému, immédiat, de toutes les « premières fois » irréductibles à la rationalité, de chaque moment auroral où a pris forme dans la conscience une image, une idole, un tressaillement divinatoire devant l'amorphe, monte, comme d'un gouffre ou d'une porte béante, un vertige, une promesse de connaissance, un avant-goût d'extase. Le propre de cette sensation c'est que le temps s'arrête, chaque expérience est aussi nouvelle que la première fois :

ainsi en va-t-il des pratiques rituelles pour la célébration d'une fête. S'abandonner à la contemplation, à l'approfondissement de ce moment, veut dire sortir du temps, frôler un absolu métaphysique, entrer dans une sphère où l'on désire, où l'on élabore difficilement un germe qui ne perdra son immobilité que pour devenir autre chose : poésie consciente, pensée formulée, action responsable, en somme *histoire*.

Cet état auroral, nous l'appelons par conséquent *mythique* ; et *mythes*, les diverses images, toujours identiques pour chacun de nous, qui jaillissent du fond de notre conscience. Elles vivent dans la mesure où elles ne sont pas encore transformées en évidence poétique ou en clarté rationnelle, mais elles rayonnent d'une telle vie, d'une telle chaleur, d'une telle promesse de lumière, qu'elles sont en définitive autant de feux et de phares pour notre conscience. Dans le cadre de cette analyse, ces mythes individuels nous intéressent comme germes de toute poésie.

Que fait le poète si ce n'est longuement œuvrer pour que ses mythes deviennent une image claire, un discours accessible à son prochain ? Car il est de leur nature démonique que, tout en fascinant par l'expérience d'une unicité, d'un absolu irréductible, ces mythes (qui demandent à être crus — « vrais métaphysiques » —) inquiètent la conscience, comme un message important que l'on ne se rappelle qu'en partie, et engagent toutes les énergies de l'esprit à les éclaircir, à les définir, à les posséder complètement. Mais chacun sait que posséder veut dire détruire. Cette destruction — qui est bien entendu une transformation — dépouille le mythe violé de son unicité, de sa mystérieuse puissance de symbole, *objet de croyance.* Le mythe qui devient poésie perd son halo religieux. Pour peu qu'il devienne également connaissance théorique («humaine philosophie»), le processus est achevé.

Il est donc clair que nous ne recommandons à personne de garder ses mythes dans du coton. La fébrile foi initiale n'est sincère que si elle ne renonce à aucun effort pour mieux pénétrer et posséder son objet. Et il est tout à fait inutile de feindre, par complaisance esthétique, qu'un mystère dure encore alors qu'il a déjà été transformé en image claire ou en concept lucide. Telle est la loi de l'esprit : susciter sans relâche ses propres mythes à travers le choc avec la réalité, et s'efforcer de les éclaircir, d'en faire de la poésie ou de la théorie. Celui qui se complaît dans un mythe désormais expliqué, pénétré, violé, n'est ni un vrai croyant, ni un poète, ni un savant. C'est un esthète et rien de plus.

Signalons ici en passant que toute notre explication concerne le processus spirituel en lui-même et fait abstraction de l'occasion éventuellement biologique qui le détermine et le met en mouvement. Inutile de préciser que celui qui entreprend de comprendre un mythe couvant au fond d'un cœur pourra et devra le rattacher historiquement aux faits et gestes de celui qui en est le fidèle, depuis ses choix diététiques, sexuels, économiques, jusqu'à son rapport avec la culture, avec toute la culture de son époque. Vu de l'intérieur, un mythe est de toute évidence une révélation, un absolu, un instant intemporel, mais il tend par sa nature à devenir histoire, à se produire parmi les hommes, à devenir en somme poésie ou théorie; par là il se nie comme mythe, comme hors du temps, et se soumet à l'enquête génétique et causale des historiens.

On nous dira que tous ces développements étaient inutiles s'ils arrivent à la conclusion qu'il existe un moment historico-culturel où tout se passe comme si le mythe, l'instant intemporel, n'avait jamais existé. Ne sommes-nous pas habitués à considérer que ce qui n'existe pas pour l'historien n'existe pas du tout ?

Sans doute. C'est notre habitude. Et ce serait une preuve d'esthétisme, de complaisance, ce serait faire semblant de ne pas savoir ce que nous savons déjà, que de chercher le mythe *à l'intérieur* de notre connaissance conceptuelle de l'histoire. Par définition, nous ne pouvons pas l'y trouver. La théorie rationnelle de la nature et de l'histoire, cette dure conquête, nous fait face, imposante, nous guide dans l'action, nous fait vivre.

Est-ce bien vrai ? Vivons-nous *seulement* de cela ? Chacune de nos décisions essentielles — celles en vertu desquelles nous mettons notre vie en jeu ou nous l'exaltons dans la création — ne naît-elle pas plutôt *en dessous* ou *au-dessus* de la théorie, dictée par une impulsion plus mystérieuse, plus extatique, plus impérieuse que ne le sont la conviction rationnelle ou la connaissance ? Qu'est-ce qui peut nous inquiéter, nous exaspérer, nous astreindre en profondeur à le violer, à l'éclaircir, à le connaître, si ce n'est l'inviolé, le pressenti, l'inconnu ? Il y a ceci de vrai dans la référence à la théorie : un mythe digne de ce nom ne peut surgir que sur le terrain de toute la culture existante : il présuppose cette culture, la considère comme assimilée et toutefois il va plus loin, il apparaît comme une image mystérieuse et prometteuse parce que irréductible même à la flamme oxhydrique de notre théorie la plus lucide. Nous l'avons dit : il est inutile de se complaire dans des mystères déjà élucidés.

Mais abandonnons pour l'instant ces hautes sphères et contentons-nous de remarquer que ce qui fait vivre chaque esprit sous la cendre des jours, c'est le désir, ardent comme la braise, de ses propres noyaux mythiques, des moindres instants d'extase qui ont marqué son véritable contact avec la réalité, peuplant sa mémoire d'occasions, de schèmes imaginaires, d'idoles voilées. La mémoire célèbre justement la répétibilité de ces mythes, leur unicité toujours renouvelée. Quand ils affleurent à nouveau dans l'extase, la loi du temps est mythiquement abolie. Leur irrationnel pouvoir de suggestion abolit mythiquement la rationalité culturelle.

Le poète — créateur de fables — est jaloux et passionné de ce scintillement auroral qui est le point de départ et l'aliment de toute belle fable. Faire de la poésie, cela veut dire amener un germe mythique à l'évidence et l'achèvement de l'image. Mais cela veut dire aussi, si l'on donne forme et corps à ce germe, le transformer en objet de contemplation, le détacher de la pénombre maternelle de la mémoire, s'habituer au bout du compte à ne plus y croire, comme à un mystère qui a cessé de l'être. Alors commence la véritable souffrance de l'artiste : quand un de ses mythes est devenu représentation, désœuvré il ne peut plus y croire mais ne sait pas encore se résigner à la perte de ce bien, de cette foi authentique qui animait sa vie, et il tente de revenir à elle, il la sollicite, il s'en détourne. C'est ainsi que finit la possession, comme toute autre possession, à moins que la riche constitution humaine de l'artiste ne soit telle qu'elle lui fasse négliger ou même ignorer le but purement contemplatif de son travail et qu'elle le pousse à tourner son énergie vers un but pratique (pédagogique, parénétique, cultuel ou expérimental) qui permette à son intérêt pour l'œuvre de survivre à sa réalisation.

Les poètes chez qui les germes mythiques ont une jeunesse immortelle, une richesse qui survit dans la diversité des formes à de nombreuses élaborations ; ou ceux qui débordent de figures, d'occasions, de mythes différents, à tel point que leur existence est à peine suffisante pour tous les essayer et les exprimer avec plus ou moins de bonheur, sont bien rares, on peut les appeler les génies de la tribu. En général ce sont aussi les plus conscients, pour leur époque, de toute la culture existante : ils la parcourent, la travaillent, la portent à leurs limites, vers un horizon au-delà duquel transparaissent d'autres jours, d'autres apparences, d'autres mythes voilés. Jadis on les appelait les devins.

Mais il ne faudrait pas croire qu'en elle-même cette expérience du mythe soit un privilège des poètes et, à un moindre degré, des penseurs. C'est un bien universellement humain, c'est la religion qui survit même dans les cœurs les plus étriqués, les plus mesquins, qui seraient bien étonnés si quelqu'un leur expliquait qu'en eux il y a un germe qui pourrait devenir une fable. C'est aussi — est-ce la peine de le dire — la condition sur laquelle se fonde l'universalité et la nécessité de la poésie.

Le manuscrit est daté : 27-29 janvier 1950. Publié dans Cultura e Realtà *n° 1, mai-juin 1950.*

DISCUSSIONS ETHNOLOGIQUES

Ernesto de Martino, l'illustre auteur du *Monde magique*, affirme que désormais tout est clair : le folklore, l'ethnologie, qui étudient ce qui est primitif, archaïque, dans la psyché et dans les mœurs des peuples, ne peuvent fleurir de manière authentique que dans une société qui fasse des peuples «subalternes» le sujet de sa politique, dans une société qui, par des voies socialistes, organise ces peuples déshérités et revendique l'originalité archaïque de leurs institutions et de leurs valeurs. Autrement dit, tandis que se mettrait en place l'organisation rationnelle et scientifique de toute la vie d'un peuple, telle que la propose le socialisme, les éléments culturels les plus frustres, indifférenciés, mystiques, magiques, préscientifiques, etc..., seraient étudiés, compris et revendiqués. Est-ce possible ?

Franco Fortini affirme au contraire que l'intérêt suscité dans le monde entier par les études ethnologiques et la mentalité primitive, par toute manifestation mystique, magique, irrationnelle, lui paraît très préoccupant dans la mesure où il n'est pas facile d'oublier les dégâts politiques produits récemment par une culture irrationaliste et au fond folklorique. Aussi trouve-t-il particulièrement inquiétant qu'un chercheur marxiste s'élève pour défendre l'attention nouvelle pour les choses primitives et archaïques, et ceci au nom d'une sainte croisade qui serait menée dans le même sens dans le pays du socialisme. Il craint en somme que la « dynamique » du socialisme, associée « aux arguments de l'esprit », engendre un monstrueux fanatisme, brutal, mystique et activiste, qui fasse renaître de récents cauchemars.

Que faut-il en penser ? Nous saluons avec joie l'intérêt socialiste pour la mentalité magique et mythique et nous voudrions rassurer Fortini sur l'inexistence du danger qu'il redoute. Il est clair que le folklore et la mentalité mythique intéressent le politicien « scientifique » en tant qu'événements, phénomènes qui doivent au plus vite être assimilés à la claire rationalité et à la loi de l'histoire. Tout au plus faut-il craindre que le chercheur « scientifique » oublie l'aspect le plus important du mythe, de la magie, de la « participation mystique » : l'absolue valeur de connaissance qu'ils ont représentée, leur originalité historique, leur éternelle vitalité dans la sphère de l'esprit. Ceci serait grave, surtout en Italie où Vico a exercé son « âpre méditation ».

Note écrite le 17 mars 1950 ; publiée dans Cultura e Realtà, *n° 1, mai-juin 1950. Il est fait allusion à l'essai d'*ERNESTO de MARTINO, *« À propos d'une histoire du monde populaire subalterne »* (Società, *n° 3, 1949) et aux observations de* FRANCO FORTINI, *« Le diable sait se déguiser en primitif »* (Paese Sera, *23 février 1950).*

DEUX ARTS POÉTIQUES [1]

Que toute poésie naisse d'un mythe, d'une violente extase, d'un enthousiasme contemplatif (l'inspiration) qui déroule ses fastes dans une atmosphère raréfiée, surhumaine, n'implique pas nécessairement que l'œuvre poétique présente des aspects raréfiés, démoniques ou angéliques, justement mythiques. Le moment mythique est par définition pré-historique, liminaire : à peine est-il entrevu ou frôlé que le peu qu'on en a perçu ou touché a déjà pénétré dans l'histoire, dans la vie humaine, et là il ne vit plus mythiquement mais comme volonté, comme imagination poétique, comme pensée, conformément aux lois de la réalité.

Il en a toujours été ainsi dans la vie de l'esprit. Mais depuis que la spéculation s'est emparée de ce concept et l'a théorisé, élaboré sous des formes différentes («universel de l'imagination», «intuition», «moment auroral», «mythe» etc.), les divers arts poétiques des créateurs ont eu tendance à se proposer l'«effet

1. En réponse à un lecteur intelligent qui, ayant lu *Le mythe*, m'a écrit : «Ne croyez-vous pas que nous en avons vu plus qu'assez de poésie *ineffable*, *angélique*, *mythique*, pendant les vingt années du fascisme?» *(N.d.A.)*

mythique» comme but suprême de leur opération purement humaine, ils ont recherché la raréfaction, démonique ou angélique, trouvant là leur thème le plus approprié, le seul thème encore digne d'efforts. Les pages et les toiles se sont remplies d' «intuitions pures», d'«heures aurorales», de «ravissements ineffables»; de manière analogue, comme il est désormais évident qu'à l'instar de toute la culture, la poésie est génétiquement déterminée par la situation économique dans laquelle elle naît, d'autres créateurs se sont efforcés de considérer les constatations de cette causalité économique et politique comme son principal sujet. Dans les deux cas, ce choix est difficilement évitable car si, à un moment donné de l'histoire, la spéculation découvre et isole un concept déterminé dans la réalité, il est clair que cette découverte n'a pas lieu par hasard, mais justement parce que les esprits sont particulièrement réceptifs à la réalité intérieure qu'implique ce concept, parce qu'ils sont habités par ce mythe particulier. La théorie même du mythe nous impose d'admettre le choix comme légitime : du reste, ce n'est pas un choix mais une condition de sincérité.

Pourtant aujourd'hui nous en avons tous assez de la poésie «raréfiée», de ses genres désormais codifiés : le petit poème en prose, l'«occasion» hermétique, la prose d'évocation, le chapitre, la fable réalistico-magique, etc. Elle a dominé l'Italie entre les deux guerres; avec l'essayisme ironique, avec l'«elzeviro[1]»,

1. Pavese cite pêle-mêle certains traits propres à la littérature italienne entre les deux guerres : son goût pour une écriture raffinée s'exprimant dans des genres courts (le petit poème en prose, le chapitre)

elle a été la voix authentique et sincère de ces années, en elle s'est incarné sans doute le mythe le plus secret, le plus fertile de notre culture à cette époque. Mais la découverte et la transformation en discours poétique de ce mythe se sont accompagnées d'un essai de théorisation (qui s'appuyait également sur de précédentes et riches expériences étrangères) et l'on en est arrivé à chercher l'« angélique », non parce que le mythe de l'angélisme exerçait encore une pression irrationnelle, mais parce qu'on avait rationnellement limité l'essence de la poésie au seul angélisme ou au culte du mythe. Ainsi meurent toutes les poétiques dès lors qu'elles matérialisent leurs découvertes théoriques : quand elles transforment ce qui n'était qu'une simple prise de conscience de certaines déterminations en thème exclusif. On verra, si l'on y prend garde, que ce phénomène se produit quand la théorie du fait esthétique est en cours d'élaboration, quand un aspect de ce fait est pressenti par les poétiques des créateurs sans être encore intégré ou rationalisé dans la théorie. On a alors l'impression que ce nouvel aspect porte en lui toute l'activité poétique et, suivant l'exemple de ceux qu'inspire le nouveau mythe — des créateurs authentiques —, se mettent en branle tous les épigones qui ont besoin de réduire machinalement l'intuition des autres à l'état de norme, de précepte.

Quant à l'angélisme mythique, l'heure nous semble

---

ou pour la prose d'idées à la manière de Valéry ou d'Alain. *L'elzeviro* était une chronique culturelle, une sorte d'élégante causerie que l'on trouvait à la troisième page des journaux et qui portait ce nom parce qu'elle était composée en caractères elzévirs. *(N.d.T.)*

désormais venue de le reconnaître pour ce qu'il est : une confusion injustifiée entre le moment métaphysique, ineffable, de toute amorce de vie spirituelle et la réalité de la poésie qui développe un discours humain à propos de choses humaines. Le mythe précède idéalement la forme, même s'il est l'âme de toutes les formes ; la poésie est la forme imaginaire de la réalité.

La poétique angélique a commencé, sous des formes et des approches variées, à tenter les esprits il y a deux siècles, quand la culture laïque a découvert à côté de la raison et de l'expérience d'autres moyens de connaissance — l'intuition, la participation mystique —, quand on a commencé à parler de romantisme. L'autre poétique — « tout moment de la vie historique est conditionné par la situation économique de la société » : ce que l'on appelle le « néoréalisme » — remonte elle aussi, pour ses premières manifestations, au même moment historique (la révolution bourgeoise industrielle), et il serait intéressant de s'interroger sur cette fatale concomitance, génétique et évolutive, de deux poétiques apparemment si dissemblables. Toute l'histoire culturelle des derniers siècles est, sous des étiquettes diverses, un va-et-vient continuel entre ces deux poétiques, mais si, dans le souci de comprendre ce qui s'est passé, on fait avant tout appel aux déterminations économico-sociales, le phénomène n'a rien de mystérieux. Il s'agit du reflet dramatique d'une lutte politique, d'une oscillation entre les moments de stase, de retour en arrière (= angélisme) et les avancées, les élans (= réalisme). La lutte de ces deux positions pendant les années qui accompagnent la dernière guerre mondiale, le dépérissement (et pas seulement en Italie) de l'angélisme hermétique, la diffusion et l'hégémonie croissante, surtout en Italie, de ce que l'on appelle le néoréalisme, sont à leur manière un reflet des luttes et des transformations politiques en cours.

Qu'il nous suffise d'avoir évoqué ce problème. Nous souhaitons maintenant faire comprendre que le néoréalisme ne tend pas à limiter le champ du discours poétique, comme d'aucuns pourraient le redouter; il oriente au contraire résolument l'imagination vers le panorama historique universel et l'invite à se complaire et à se rassasier de cette réalité humaine multiforme. Il signale simplement au poète qu'il fera bien de rester conscient des correspondances formelles existant entre la structure économique d'un moment déterminé et toutes ses manifestations spirituelles. Ainsi présentée, la mise en garde néoréaliste ressemble à la prise de conscience de n'importe quelle loi naturelle («les oiseaux sont ovipares») et le poète doit et peut en tenir compte, exactement comme pour des lois naturelles, conditions mais pas nécessairement thèmes de son travail.

Il est clair que notre théorie du mythe ne fait aucunement obstacle à cette poétique : aucun sujet humain n'est par principe interdit au néoréaliste, dès lors que dans la mise en œuvre de son travail il tient implicitement compte des déterminations économiques (comme d'ailleurs des lois naturelles ou psychologiques). Le mythe qui l'inspire et le pousse à une création de l'imagination est certes pré-historique, par définition c'est un moment absolu, mais dès qu'il est saisi, il devient moment spirituel, sujet aux catégories et aux conditions de l'histoire. Toutefois, si c'est un mythe authentique, il ne pourra fleurir que sur le terrain de toute la culture existante, et par conséquent de l'interprétation historique la plus scientifique, autrement il ne serait que superstition, survivance archaïque, fausse stupeur devant un mystère factice.

On peut toutefois observer que si, au lieu d'être une condition de la réalité, cette lucidité historique devient le seul sujet de la poésie, alors commencera la falsification. Dans ce cas aussi viendra le jour où cette poétique matérialisera ses découvertes théoriques. C'est ce qui est arrivé en son temps pour la poétique du vérisme, le néoréalisme du XIXᵉ siècle, quand ce qui était au départ stupeur est devenu *cliché*. Mais alors on entrera dans le domaine de la superstitition et l'économisme rejoindra l'angélisme dans les limbes de la rhétorique. Inutile d'ajouter que, ce jour-là, les esprits aux aguets auront déjà trouvé ailleurs, dans une autre théorie plus avancée de la réalité, les conditions nécessaires au travail de leur imagination.

Écrit le 13 février 1950, remanié et corrigé le 14 juin 1950 pour le deuxième numéro de Cultura e Realtà *où il a paru à titre posthume.*

L'ART DE MÛRIR

La découverte romantique suivant laquelle les matrices mythiques de notre sensibilité, les symboles qui orienteront notre vie remontent aux premiers contacts avec la réalité, en somme à notre enfance, a rempli la littérature narrative d'enfants savants, de petits révoltés primitifs qui prennent avec nostalgie conscience d'eux-mêmes en s'opposant au monde conventionnel des adultes, en refusant tout abandon à la norme, à l'autorité, au collectif. Cette vogue a logiquement coïncidé avec le goût de la caractérisation historique, avec l'idée que chacun de nous fait partie d'un milieu éphémère, régi par des valeurs collectives provisoires. Dans le passé, la formation d'un poète, d'un narrateur, était un apprentissage des valeurs éternelles et communes qui constituaient la seule culture valable, c'était le rattachement à une mythologie collective sur laquelle on travaillait comme un technicien moderne ou un inventeur travaille sur les données scientifiques traditionnelles. La formation romantique consiste au contraire à découvrir que toute valeur absolue est éphémère et que par conséquent il ne reste plus qu'à édifier sa *propre* expérience, sa *propre* mythologie dans une culture qui paradoxalement apparaisse comme absolue et normative pour tous les *autres*, pour la collectivité. Et comme tout absolu se fonde sur les origines, sur le début, voici que nous partons tous du seul principe qui nous est connu, les premières années de notre individualité.

Or il est incontestable que les cultures sont des créations historiques autonomes, tout aussi incontestable que pour nous vers dix ans « les jeux sont faits ». Comment expliquer alors la résistance que nous opposons malgré tout aux héros en culottes courtes ou à l'égotisme rebelle des éternels futuristes ?

La réponse est évidente. Dans son désir de dépouiller le processus créateur de toutes les incrustations et les préjugés, et de le saisir dans son originalité et sa spécificité temporelle, notre siècle a oublié que la genèse est seulement un point de départ, que l'on naît pour vivre et pour vieillir, et qu'entre la naissance et la mort existe un stade de juste maturation, de parfait et viril équilibre pour l'amour duquel, comme le disait déjà notre père à tous :

man must endure
his going hence even as his coming hither.
Ripeness is all[1].

À cet art romantique voué au culte de l'enfance et de l'histoire, il manque en général le sens et le goût de

1. La citation exacte est : *Men must endure / Their going hence, even as their coming hither; / Ripeness is all.* (« Les hommes doivent supporter / leur départ de ce monde, comme leur arrivée. / Le temps qui nous mûrit est tout. ») SHAKESPEARE, *King Lear*, V, 2, 9-11. *(N.d.T.)*

la maturité qui sont en fait, dans les affaires des hommes, le goût de la responsabilité et de l'usage efficace des mains et du cerveau. La hâte de découvrir la genèse et d'échapper à l'exercice naturel de ses facultés est le péché originel du processus romantique. C'est un peu comme si un pêcher se contentait de fleurir puis dans un beau mouvement de révolte se secouait et, voyant à terre tous ses pétales, essayait de fleurir une deuxième fois sous le soleil d'août. À quoi bon mûrir banalement des fruits qui d'ailleurs risqueraient d'être mangés par de vils hommes ou des vers plus vils encore ? Même les pétales — les premières et vierges impressions — pourriront comme tout le reste, comme le myrte et le laurier, comme les générations, comme les empires, comme les mortes cultures. Mais quel sens a cette préférence exclusive pour le bourgeon si ce n'est celui d'un refus opposé à l'ordre humain et naturel ? Et de fait, dans leur révolte tendue vers l'authentique et l'actuel, les rebelles en culottes courtes sont avant tout incapables d'accepter la nature : la nature qui fait suivre l'adolescence de la maturité et qui étaye tragiquement cette maturité en l'équilibrant pendant un court et viril moment où se concentre toute une culture.

Les héros enfants ou adolescents de tant de romans récents nous font justement comprendre que la fascination de la réalité est restée aurorale et que le personnage refuse de se voir mûrir et d'œuvrer dans la mêlée humaine en assumant ses responsabilités ; il peut carrément arriver que même les adultes, les *viri*, continuent à sentir et à agir comme des adolescents. On en connaît quelques exemples par cœur.

Or il est clair qu'il ne faut rien refuser de ce que le siècle a découvert (richesse et tortuosité de l'enfance, multiplicité des cultures etc...). Nous pensons qu'une valeur existe pour toujours (les cultures sont différentes mais elles ne s'excluent pas) : il s'agit de l'interpréter et de l'insérer dans une structure. Et nous voici à la faiblesse fondamentale de l'art enfantin et historiciste de notre siècle : ou il manque de structure, de fonctionnalité (il considère encore comme suffisant ce qu'il appelle l'élan naturel) ou il se complaît dans la structure en elle-même, par amour historiciste de l'originalité culturelle (nous sommes les petits-fils de la philosophie des Lumières). Il n'est pas facile de définir la structure vivante : rencontre d'une intuition et de schémas, confluence des mythes individuels et collectifs, fonctionnalité du gratuit, stylisation du dialecte... On pourrait continuer. Mais il y a un exemple qui est plus aisé à comprendre parce qu'il est exotique et relativement proche dans le temps : la poésie et la littérature narrative américaine. À première vue, on y note un manque de structure, c'est le règne de l'impulsion naturelle, de la liberté par rapport à la tradition. Des écrivains comme Melville, Emerson, Whitman, Twain, Dreiser, Anderson, Stein, Faulkner et même Wolfe sont des sensibilités primordiales et nues, presque adolescentes, qui se déchaînent au milieu des choses ; en même temps leur programme historiciste visant à construire l'art démocratique, l'art nouveau de l'époque, rappelle le volontarisme velléitaire de tous les futuristes. Et pourtant quelle culture contemporaine autre que la culture poétique américaine a créé un monde mythique, individuel et collectif, comparable, transformé un dialecte en langage, offert avec la stylisation de l'irrationnel une plus riche moisson de symboles ? Ce qui dans d'autres cultures plus doctes demeure document, recherche, littérature, devient en elle vivante culture, virile maturité. Chez elle même les enfants (de Twain et d'Anderson) restent des enfants, avec leurs irresponsables et pourtant nécessaires découvertes (l'odeur de pisse et la saveur des larmes), ils ne font pas trop écran à la valeur et à l'action des grands.

Un aspect de cet art américain qui saute aux yeux est son autobiographisme intempérant et la franchise avec laquelle il se veut transcription directe d'une expérience historique en discours clarificateur. Ce sont d'authentiques « histoires d'une âme » — et d'un corps —, des mémoires pour lesquelles la réalité n'est pas une donnée mais une inépuisable découverte. Mais c'est là justement le secret de leur excellence : alors que pour notre art européen la maturité consiste en général à s'adapter au traditionnel-collectif, à reconnaître les frontières et les normes du classicisme historique préexistant, raison pour laquelle les mythologies individuelles n'ont pu jusqu'ici, dans les cas extrêmes, se révéler qu'en célébrant l'anarchie enfantine, pour eux l'âge mûr lui aussi — le règne de l'histoire et du conformisme — s'est présenté jusqu'ici comme un élément irrationnel à transformer en clarté symbolique, une forêt sauvage à défricher, et leur effort futuriste a révélé par là son utilité pour la collectivité.

Cet exemple du siècle américain — auquel on pourrait ajouter le russe — a déjà provoqué le désespoir de beaucoup dans la mesure où il paraît impliquer une condamnation globale des efforts de ceux qui n'appartiennent pas à cette culture. Mais, avec cette crainte, nous projetons une position passée sur une réalité présente. Jadis les générations survivaient à la culture parce que la seule culture existante était la leur ; aussi, même si elles ne s'apercevaient pas qu'elle s'était entre-temps vidée de sa substance, elles continuaient à se complaire dans des formules et des conventions stériles et vivaient somme toute convaincues d'accomplir une tâche essentielle, alors qu'elles se réchauffaient tout au plus aux rayons d'une culture nouvelle et étrangère (bien entendu, elles contribuaient par là au développement de cette dernière et servaient au fond à quelque chose). Maintenant que nous nous rendons compte de la multiplicité simultanée des cultures, nous pouvons de ce fait dissocier notre vie spirituelle de la décadence de la culture à laquelle nous appartenons. Le simple fait que nous puissions en comparer et en faire parler au moins deux — l'américaine et la romantico-européenne — prouve que nous sommes relativement libres face à chacune d'elles et qu'en somme nous œuvrons pour en construire une plus englobante, plus complexe, dont les deux en question ne seraient que des composantes provinciales.

Il existe bien entendu quelque chose qui ressemble à la localisation d'une culture. Nous parlons de culture grecque, mais nous devrions dire athénienne ; toscane, mais nous devrions dire florentine ; anglaise, mais nous devrions dire londonienne. On pourrait continuer : athénienne, florentine, londonienne, c'est encore insuffisant ; il doit bien y avoir dans la ville un foyer, un secteur, un quartier plus favorisé qu'un autre. Ainsi s'explique que, dans le panorama occidental, la colonie anglo-saxonne d'Amérique ait été, pour des raisons sociales complexes, favorisée au siècle dernier. Par favorisée, nous voulons dire qu'elle a parlé pour tous, *également pour nous* : gardons-nous de revenir au refus nationaliste d'une culture florissante sous le prétexte stupide et ressassé que nous en avons une autre, fût-elle sénile et décrépite. Notre culture individuelle est désormais, depuis plus d'un siècle, la plus vitale en Occident — successivement la française, l'allemande, la russe et l'américaine — tout comme la culture de Corinthe fut tour à tour ionienne, béotienne puis athénienne. Les symboles créés par une culture, à travers des efforts individuels, deviennent efficaces et accèdent à la maturité quand ils s'élèvent au rang de symboles collectifs ; le passage d'une culture vers une autre plus complexe est comme le passage de la mythologie d'un créateur individuel vers une mythologie collective. Si l'effort louable d'un individu ou d'une ville déterminés ne doit pas servir à *tous* les hommes de bonne volonté, on se demande à qui il peut servir. Il y a des cultures qui végètent à un échelon inférieur de l'histoire : pour elles la possibilité de mûrir, de s'élever vers cet instant tragique et viril qui est l'équilibre de l'individuel et du collectif, pose les mêmes problèmes que celle pour l'anarchiste révolté en culottes courtes de devenir un héros tragique, conscient de l'histoire.

Le manuscrit est daté : 14-16 août 1949. Publié à titre posthume dans Cultura e Realtà, *n° 2.*

LE MYTHE

DU MÊME AUTEUR

Aux Éditions Gallimard

AVANT QUE LE COQ CHANTE.

LE BEL ÉTÉ.

LE MÉTIER DE VIVRE.

DIALOGUES AVEC LEUCÒ.

LA LUNE ET LES FEUX *précédé de* LA PLAGE.

LE CAMARADE.

POÉSIE. *Édition bilingue*

I. Travailler fatigue.

II. La Mort viendra et elle aura tes yeux.

LETTRES *(1924-1950)*.

NUIT DE FÊTE ET AUTRES RÉCITS *suivi de* GRAND FEU.

SALUT MASINO.

Dans la collection Poésie/Gallimard

TRAVAILLER FATIGUE — LA MORT VIENDRA ET ELLE AURA TES YEUX — POÉSIES VARIÉES.

Dans la collection L'Imaginaire

LE BEL ÉTÉ, *nº 22.*

LA LUNE ET LES FEUX, *nº 163.*

Dans la collection Folio

AVANT QUE LE COQ CHANTE, *nº 464.*

LE CAMARADE, *nº 1835.*

LE MÉTIER DE VIVRE, *nº 1895.*

Dans la collection Folio bilingue

LE BEL ÉTÉ / LA BELLA ESTATE, *nº 34.*

Dans la collection L'Étrangère

SALUT MASINO.

DANS LA MÊME COLLECTION

22. Elsa Morante — *Pour ou contre la bombe atomique.*
23. Octavio Paz — *L'autre voix (Poésie et fin de siècle).*
24. Peter Handke — *Essai sur le juke-box.*
25. Jean-Pierre Faye — *L'Europe une (Les philosophes et l'Europe).*
26. Cioran — *Le livre des leurres.*
27. Mircea Eliade — *Contributions à la philosophie de la Renaissance* suivi d'*Itinéraire italien.*
28. Joseph Brodsky — *Acqua alta.*
29. Georges Steiner — *Épreuves.*
30. Varlam Chalamov — *Essais sur le monde du crime.*
31. Cioran — *Bréviaire des vaincus.*
32. Frédéric de Towarnicki — *À la rencontre de Heidegger. (Souvenirs d'un messager de la Forêt-Noire).*
33. Peter Handke — *Essai sur la journée réussie (Un songe de jour d'hiver).*
34. Eugenio Montale — *La poésie n'existe pas.*
35. Octavio Paz — *Un au-delà érotique : le marquis de Sade.*
36. Robert Walser — *Sur quelques-uns et sur lui-même.*
37. Primo Levi — *Histoires naturelles* suivi de *Vice de forme.*
38. Kvetoslav Chvatik — *Le monde romanesque de Milan Kundera.*
39. Apollinaria Souslova — *Mes années d'intimité avec Dostoïevski.*
40. William Faulkner — *Lettres à sa mère (1918-1925).*
41. Cioran — *Entretiens.*
42. Truman Capote — *Portraits et impressions de voyage.*
43. Botho Strauss — *L'incommencement. Réflexions sur la tache et la ligne.*
44. Octavio Paz — *Itinéraire.*
45. Cioran — *Anthologie du portrait. De Saint-Simon à Tocqueville.*
46. H.C. Robbins Landon — *Mozart connu et inconnu.*

47. Thomas Mann — *Être écrivain allemand à notre époque.*
48. Kenzaburô Ôé — *Notes de Hiroshima.*
49. Mario Vargas Llosa — *En selle avec Tirant le Blanc.*
50. Raul Hilberg — *La politique de la mémoire.*
51. Octavio Paz — *Lueurs de l'Inde.*
52. Carlos Fuentes — *Géographie du roman.*
53. Primo Levi — *À une heure incertaine.*
54. Mario Vargas Llosa — *Un barbare chez les civilisés.*
55. Paul West — *Un accident miraculeux.*
56. Sérgio Buarque de Holanda — *Racines du Brésil.*
57. José Cardoso Pires — *Lisbonne — Livre de bord — Voix, regards, ressouvenances.*
58. Wolfgang Matz — *Julien Green. Le siècle et son ombre.*
59. Pier Paolo Pasolini — *Histoires de la cité de Dieu. Nouvelles et chroniques romaines (1950-1966).*
60. Péter Esterházy — *L'œillade de la comtesse Hahn-Hahn (en descendant le Danube).*
61. Mario Vargas Llosa — *Lettres à un jeune romancier.*
62. Elsa Morante — *Territoire du rêve.*
63. Arundhati Roy — *Le coût de la vie.*
64. Cesare Pavese — *Littérature et société. Le mythe.*

Composition Bussière
et impression Bussière Camedan Imprimeries
à Saint-Amand (Cher), le 15 novembre 1999.
Dépôt légal : novembre 1999.
Numéro d'imprimeur : 1305-992414/1.

ISBN 2-07-073225-8./Imprimé en France.